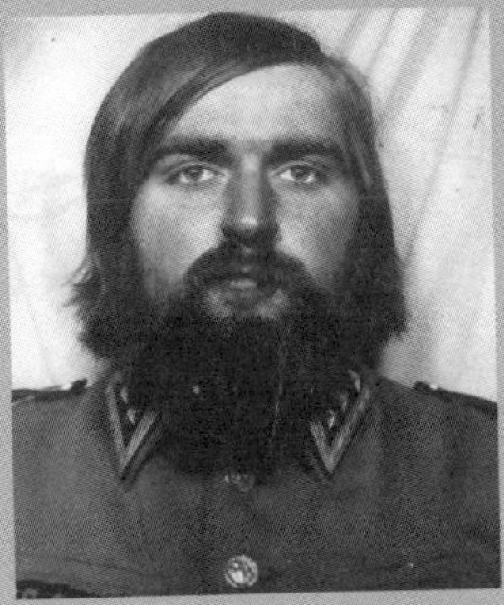

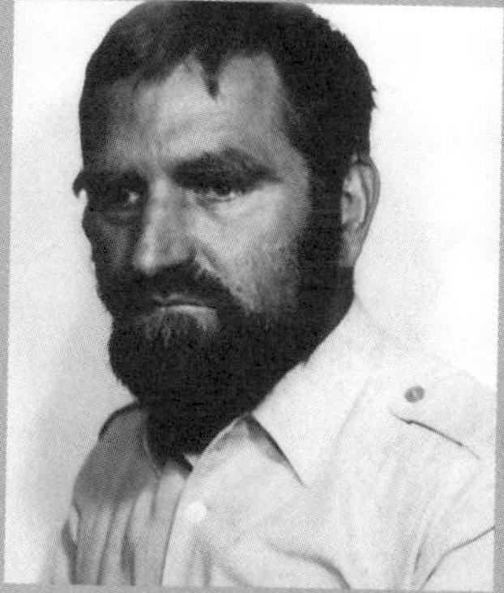

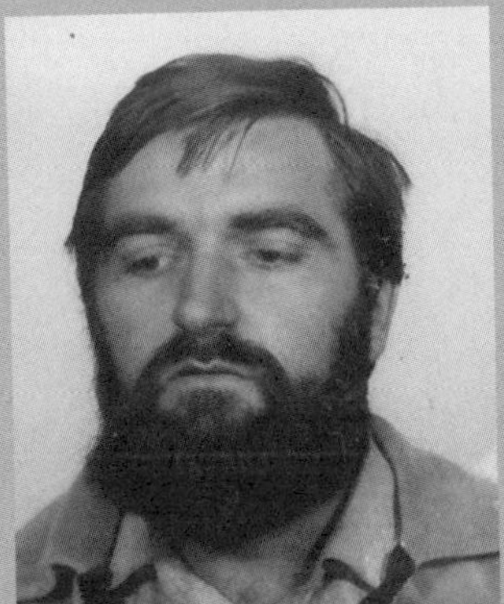

NZZ LIBRO

Andreas Schmid

# Codename Jonathan

## Erlebnisse eines Schweizer Spions

NZZ Libro

Bibliografische Information der Deutschen Nationalbibliothek

Die Deutsche Nationalbibliothek verzeichnet diese Publikation
in der Deutschen Nationalbibliografie; detaillierte bibliografische Daten
sind im Internet über http://dnb.d-nb.de abrufbar.



Coverfoto: Melchior Roth im Einsatz in Sri Lanka (1989). Privatbesitz Melchior Roth.
Fotos Inhalt: Michele Limina und Privatbesitz Melchior Roth.
Lithografie: Humm DTP, Matzingen
Lektorat: Rainer Vollath, München
Umschlag: Katharina Lang, Zürich
Gestaltung, Satz: Gaby Michel, Hamburg
Druck, Einband: BALTO Print, Litauen



ISBN 978-3-03810-475-9
ISBN E-Book 978-3-03810-489-6

www.nzz-libro.ch
NZZ Libro ist ein Imprint der Schwabe Verlagsgruppe AG.

1929
KTA
KTA

# Inhaltsverzeichnis

Nations Unies
Genève
Krypto-
graphie
KAPO Bern
KAPO Solothurn

# Vorwort

Das Leben von Melchior Roth gleicht einer langen Reise zu den Brennpunkten der jüngeren Zeitgeschichte. Doch er war nicht als Tourist, sondern als Geheimagent, Katastrophenhelfer und Funktionär unterwegs. Der Schweizer mit Jahrgang 1950 sammelte Informationen in Nordkorea, half in Afrika, hantierte in Diktator Mobutus Privatvilla im ehemaligen Zaire, spionierte in der ehemaligen DDR und in Russland, nahm während des Zweiten Golfkriegs in Bahrain Bodenproben und ging als Monteur auf dem Stützpunkt der geheimen Schweizer Kaderorganisation P-26 ein und aus. Nicht nur für die Schweiz war er undercover auf Achse, auch militärische Dienste der USA, die von Deutschland aus agierten, belieferte er mit Informationen. So gab er etwa US-amerikanischen Stellen in Heidelberg zu Protokoll, was er auf seinen Fahrten durch die DDR – meist in einem Citroën mit Berner Nummer – herausgefunden hatte.

Seit unserer ersten Begegnung im Jahr 2003 – damals gab Roth als Informant für einen journalistischen Artikel Auskunft über Rüstungsgeschäfte von Schweizer Händlern mit dem angolanischen Militär – erwies sich Roth wiederholt als zuverlässige Quelle für Auslandsaktivitäten der Schweiz. Seine fragmentarischen Schilderungen tönten häufig abenteuerlich, die zentralen Angaben stellten sich aber jeweils als faktentreu heraus. Dokumente belegen Roths Erlebnisse im Zweiten Golfkrieg, seine Reisen und Festnahmen in der ehemaligen DDR sowie seine Einsätze mit Sonderpass; Fotos zeigen ihn auf dem Roten Platz in Moskau, in Militäranlagen auf Kuba oder in Gesellschaft mit hohen ausländischen Militärs.

Erst mit den Jahren ergab sich aus den Puzzleteilen ein Gesamtbild. Auch deshalb, weil Roth erst 2017 offener zu erzählen begann. Doch Dokumente und Fotos, die seine Erlebnisse belegen würden, waren teilweise verschwunden. Der Sammler warf nie etwas weg; nicht ohne Grund bezeichnet er sich selbst als Messie. In Dutzenden von Treffen und Telefongesprächen liessen sich Einsätze rekonstruieren und vermisste Unterlagen wiederfinden. Zudem konnten Weggefährten Roths sowie Experten Informationslücken füllen.

Roth war in den letzten 30 Jahren zumindest in Statistenrollen Teil der Geschichte, seine «oral history» erlaubt faszinierende Einblicke in verborgene Welten. Gewisse Fragen bleiben dennoch unbeantwortet und einige weit zurückliegende Begebenheiten verschwommen. Das liegt auch daran, dass in der Geheimwelt der Nachrichtendienste nicht gerne Namen und Auftraggeber preisgegeben werden.

Von wie weit oben kamen die Aufträge jeweils? Waren es Anordnungen von hoher Stelle oder verselbständigten sich einzelne Amtsträger? Wer hat die gesammelten Informationen verwertet? Was wurde damit gemacht? Mit welchen ausländischen Diensten arbeitete die Schweiz zusammen, und was wurde an Daten ausgetauscht? Wer erteilte Katastrophenhelfern Spionageaufträge, obwohl das verpönt ist und offiziell nie praktiziert wurde? Solche Fragen stellen sich. Roths Tun und Wirken gibt einige Antworten, seine Verbindungen ins Aussen- und ins Militärdepartement sowie in zahlreiche Botschaften decken Zusammenhänge auf. Weil aber vieles, was war, nicht sein durfte, lassen sich nicht alle dunklen Stellen erhellen. Erwiesene Vorgänge sowie vorhandene Dokumente und Fotos zeichnen jedoch deutliche Konturen ins Bild dieser Geheimwelt.

Roth ist ein Sonderling mit grenzenloser Leidenschaft für alles, was mit Militär und Polizei zu tun hat. Dies nutzten seine Auftraggeber aus, und sie zählten darauf, dass man ihn unterschätzte. Manchmal betraute sich der dienstuntaugliche Roth aber auch selbst mit heiklen Aufgaben. Unglaublich, aber wahr sind jene Geschichten, in denen er als falscher Offizier in ausländischen Uniformen die Schweizer Armee düpierte. Erfinden könnte man diese zu fantastischen Anekdoten nicht.

*Andreas Schmid, Mai 2020*

OPERATION
15 Jan 1991
IRAQ
SAUDI ARABIA
KUWAIT
DESERT STORM
U S GOVERNMENT

# Bahrain

Auftritt Melchior Roth. Mittendrin im Golfkrieg. Der damals 41-jährige Schweizer hielt sich Anfang 1991 auf dem Luftwaffenstützpunkt der US-amerikanischen Truppen in Bahrain auf. Er zeigte sich in der Fremde in US-Uniform, wie wenn er seine gewöhnliche Arbeitskleidung tragen würde.

Rund drei Wochen lang war Roth laut eigenen Angaben bei der Operation Desert Storm mit dabei. Wie es dazu kommen konnte? Das in Frankfurt stationierte 5. US-Korps, das in den Zweiten Golfkrieg delegiert worden war und zu dessen Führungskräften Roth seit Jahren gute Kontakte pflegte, bot ihn als Zivilperson auf. Vom Vertreter eines neutralen Landes versprachen sich die Amerikaner Vermittlungsdienste und Zugang zu gegnerischen Truppen. Dass der Uniformennarr dann in einem US-Kampfanzug erschien, war allerdings nicht im Sinn der Auftraggeber.

Umso mehr, als Roth in Bahrain anfangs das Camp der Franzosen aufsuchte, weil dieses zuerst fertiggestellt war. Erst recht erbost waren die Amerikaner dann, als sich Roth auch noch mit einem hohen französischen Offizier im Helikopter herumfliegen liess. «Es hat ein ‹Gstürm› gegeben», sagt der umtriebige Söldner. Doch die Ausflüge blieben für ihn, der von den Amerikanern mit dem Decknamen Jonathan Pride versehen worden war, folgenlos.

Das Eidgenössische Departement für auswärtige Angelegenheiten erhielt auf unbekanntem Weg Kenntnis von Roths Reise zur Operation Desert Storm nach Bahrain. Er sei, sagt der Abenteurer selbst, über einen Mittelsmann damit betraut worden, Bodenproben für das AC-Labor in Spiez zu entnehmen. Diese Einrichtung des Bundes soll die Schweiz vor nuklearen, chemischen und biologischen Bedrohungen schützen. Mit der Untersuchung von Bodenproben erforscht das Labor, ob und welche Giftstoffe in Kriegen eingesetzt werden.

«Der Auftrag für das Labor Spiez war geheim, offiziell gab es diesen nie», hält Roth fest. Er wisse denn auch nicht, ob je Ergebnisse von den Bodenproben publik geworden seien. Klar wurde jedenfalls, dass im Zweiten Golfkrieg Geschosse benutzt wurden, die Uran enthielten. Die Folge waren gravierende Umweltschäden.

Der als Zweiter Golfkrieg bezeichnete bewaffnete Konflikt war ausgebrochen, nachdem Irak Anfang August 1990 die Eroberung Kuwaits eingeleitet und das Land knapp vier Wochen später annektiert hatte. Die Verhandlungen mit Saddam Hussein scheiterten, US-Präsident George Bush und eine breite Koalition Verbündeter zogen ab Mitte Januar 1991 in den Krieg, um Kuwait zu befreien. Eine Resolution der UNO hatte die Legitimation zum Angriff erteilt. In der Operation Desert Storm wurden modernste Rüstungsgüter eingesetzt, von der Dimension der beteiligten Truppen und deren Bewaffnung her waren es die schwersten militärischen Auseinandersetzungen seit dem Zweiten Weltkrieg. Sie forderten auf irakischer Seite mehrere Zehntausend Opfer.

Roth erzählt, er habe nach seiner Rückkehr aus Bahrain nicht nur die Bodenproben für das Spiezer Labor abgeliefert, sondern sei von den Amerikanern auch für ein Debriefing nach Frankfurt beordert worden. «Sie haben mich zu meinen Erfahrungen befragt und Informationen gesammelt.» Auskünfte zur Operation Desert Storm erteilte Roth zudem der NATO-Zentrale in Brüssel. Er sagt, dort habe man sich ebenfalls stark für die Sicht des neutralen Schweizers interessiert.

Roths Doppelrolle in Bahrain verblüfft. Dokumente sowie seine Souvenirs vom Zweiten Golfkrieg beseitigen jedoch Zweifel an den erstaunlichen Begebenheiten. Roth legt Bilder vor, die ihn sowohl auf dem Stützpunkt der Amerikaner als auch im Camp der Franzosen zeigen, jeweils umgeben von Offizieren und Soldaten. Uniformsticker der USA von der Operation Desert Storm hat Roth aufbewahrt, und er hat die Gefässe behalten, in denen er einst die Bodenproben transportiert hatte. Vor allem aber wurde sein Einsatz im Zweiten Golfkrieg aktenkundig, als später – in einem anderen Zusammenhang – sowohl die Bundesanwaltschaft als auch die Militärjustiz gegen Roth ermittelten.

# Bärau

So gerne Melchior Roth von seinen Abenteuern erzählt, so ungern spricht er über seine Familiengeschichte. Seine Kindheit und seine späteren Liebesbeziehungen klammert er lieber aus. Das liegt wohl daran, dass er seinen Vater nicht kannte und seine beiden Ehen zerbrachen.

Geboren am 31. März 1950, wuchs Melk – so nennen ihn noch heute alle Bekannten – bei seinen Grosseltern in Bärau im Emmental auf. Als Melchior Pfäffli, mit dem Familiennamen seiner Mutter. Sie arbeitete als Serviertochter. Von seinem leiblichen Vater, den er nie kennenlernte, weiss der Sohn nicht einmal den Namen. Nach einer Liebesnacht mit der Mutter war Melchiors Erzeuger entschwunden.

Weil Roth nicht über private Angelegenheiten berichten mag, erzählt sein Jugendfreund Heinz Junker. Junker wuchs im nahen Schwarzhäusern auf und lebt nach wie vor dort. Die ersten zehn Lebensjahre habe Melk bei den Grosseltern verbracht, dann habe ihn ein Fritz Roth, der Lebenspartner seiner Mutter, adoptiert. Der Knabe gehörte nun zu einer Familie und wurde mit zwei Halbschwestern sowie einem Halbbruder gross. In ihrer Jugend schon schlossen der wenig ältere Junker und Roth Bekanntschaft, denn sie besuchten beide die Gesamtschule in Schwarzhäusern. In der Freizeit sei Kollege Melk häufig zu seinem Vater gekommen, um diesem bei der Entsorgung und Verschrottung von Metall zur Hand zu gehen, sagt Junker. Roth habe als «Plätzlibueb» gearbeitet; so habe man damals die jugendlichen Aushilfen bezeichnet. Schon damals sei Melk ein «Eigener» und Einzelgänger gewesen.

Genüsslich erzählt Junker von gemeinsamen Abenteuern mit Melk. Etwa, wie sie zu Schulzeiten an freien Nachmittagen mit einem alten Auto von Junkers Vaters auf dem Vorplatz des Elternhauses herumgefahren seien. Obwohl die Nachbarn aus Angst vor einem Unfall und wegen des Staubs reklamiert hätten, habe sie sein Vater gewähren lassen, erinnert sich Junker. Der Vater habe sich auf den Standpunkt gestellt, dass er die Jugendlichen am besten unter Kontrolle habe, solange sie auf dem Platz umherkurvten.

Aus seiner Primarschulzeit immerhin lässt sich Roth selbst eine Anekdote entlocken. Als er die dritte oder vierte Klasse besucht habe, hätten sie im Winter einmal Schneemänner gebaut. Er habe seinen nicht wie die anderen Kinder mit Hut und Besen, sondern mit Gewehr und Helm geschmückt. Zudem habe er der Schneefigur eine Patronentasche umgehängt, erzählt Roth. Diese Gegenstände hatte er aus der Militärpackung seines Grossvaters genommen. Die Lehrerin habe daraufhin bei ihm zu Hause gemeldet, das Kind sei verhaltensauffällig und müsse abgeklärt werden. «Es gab ein ‹Riesengstürm›», erzählt Roth.

Seine frühe Faszination für alles, was mit der Armee zu tun hatte, sei durch Bücher vom Zweiten Weltkrieg entflammt, die er daheim vorgefunden habe. «Es lagen sechs Bände mit Fotos herum – es waren bebilderte Zeitungsartikel, die gebunden worden waren.»

Später, im Alter von etwa 14 Jahren, habe er sich für die Sowjetunion und China zu interessieren begonnen. «Das war damals für mein Umfeld das Schlimmste und trug mir in der Klasse den Spitznamen ‹Kommunist› ein.» Sein Lehrer habe stets gegen die Russen gewettert; das habe seine Neugier, wie das Feindesland funktionierte, noch verstärkt.

Beim Waffenhändler Füglistaler in Langenthal begann Roth

nach der Schule eine Lehre als Metallbauschlosser und Büchsenmacher. Er hatte sich schon immer durch handwerkliches Geschick ausgezeichnet, und diese Gabe wurde weiter geschliffen. «Niemand konnte löten wie er», schwärmt Heinz Junker.

Nach abgeschlossener Lehre tingelte Allrounder Roth in der Region herum und eignete sich zusätzlich Kenntnisse in Elektronik, Mechanik und Hydraulik an. Im Alter von 20 Jahren habe er sich für sämtliche Tätigkeiten des Militärs, der Polizei und der Grenzwacht zu interessieren begonnen, sagt Roth. So heuerte er unter anderem bei den Rüstungsbetrieben Oerlikon-Bührle und Contraves an. Zudem arbeitete er als Aushilfsmechaniker im Maschinenbau und lernte in einer Baufirma, mit Raupenfahrzeugen sowie mit Kranen umzugehen.

In seiner Freizeit fuhr der junge Mann Wochenende für Wochenende mit seinem Motorrad oder dem 250er-BMW nach Deutschland. Roth knüpfte in Kaiserslautern Kontakte zu Angehörigen sowohl der US-Truppen als auch des kanadischen Militärs, die dort stationiert waren. Er sei in den Anlagen ein- und ausgegangen wie einer der ihren, wundert sich Heinz Junker noch heute. Über einen Onkel, der in Deutschland bei der US-Armee gedient habe, so erzählt es Roth, sei er später zu einer Anstellung gekommen. Er habe in einem Fahrzeugpark vor allem im Unterhaltsdienst gearbeitet. Auslandserfahrung hatte der knorrige Handwerker bereits früher gesammelt. In den 1970er-Jahren war Roth längere Zeit als Monteur für eine Maschinen- und Zubehörfirma in mehreren europäischen Ländern unterwegs gewesen.

Danach machte sich der gewiefte Handwerker – aber wenig begnadete Geschäftsmann – selbstständig und eröffnete einen Betrieb für Altbausanierungen. Vier Angestellte beschäftigte Roth, nach rund zehn Jahren liquidierte er die Firma, der wegen Konkurrenz und sinkender Preise der Konkurs drohte.

CH

Die nächste Station Roths war das Berner Unternehmen Schaller, das sich im Kühlanlagenbau betätigte. Etwa fünf Jahre lang diente er als Servicemonteur, installierte Lüftungen, Heizungen und Kältegeräte, bevor er wieder selbstständig zu arbeiten begann. In allen möglichen und unmöglichen Sparten, hauptsächlich in der Demontage und Entsorgung nicht mehr benötigter technischer Anlagen und Bauten.

Jugendfreund Junker bezeichnet Roth als schrägen Vogel. «Es gibt keinen Zweiten wie Melk.» Verschroben, aber dienstfertig und gutmütig sei er. «En todliebe Siech.» Besonders gesellschaftstauglich ist der rastlose Senior heute aber nicht. Schon allein deshalb, weil sich in seiner Umgebung alles ohne Ordnung stapelt. 50 Sammlerjahre eines Messies könnten nicht besser illustriert werden als mit Bildern von Roths inzwischen verkauftem Haus und Geschäft. Mit ihm zusammenzuleben sei unvorstellbar, sagt Junker. Zwei Frauen hatten das gewagt; in den 1970er-Jahren war er ein erstes Mal verheiratet. Seine Partnerin, eine Schweizerin, hatte auf dem Statthalteramt in Langenthal gearbeitet. Dort hatte Roth die Scheine für seine vielen Waffen lösen müssen – und seine erste Ehefrau Edith kennengelernt. Später führte diese in der Region einen Gemischtwarenladen. 13 Jahre lang hielt die Ehe mit ihr.

Seine zweite Frau lernte Roth 2004 in Kirgistan kennen. Shana zog kurze Zeit später zu ihm nach Bützberg im Kanton Bern. Wie mit seiner ersten Gattin war Roth auch mit ihr 13 Jahre lang verheiratet, aber eines Tages war Shana plötzlich aus dem Haus verschwunden. In steter Unordnung und Unrast zu leben hatte sie vergrämt. Zu seinen Ehen sagt Roth mit einem Schmunzeln: «Mit mir ist es nicht auszuhalten.» Seine erste Frau habe vor allem darunter gelitten, dass er oft kurzfristig in alle Welt entsandt worden sei – manchmal habe er mit ihr weder über die Destination noch über den Auftrag sprechen dürfen. Die zweite Gattin, 23 Jahre jünger als Roth, fand sich in seiner ihr fremden Welt nie wirklich zurecht.

Roth trinkt keinen Alkohol und raucht nicht. Andererseits ernähre er sich von Fastfood und achte nicht auf einen gesunden Lebenswandel, sagt Heinz Junker. Finanziell habe sein Kollege meist von der Hand in den Mund gelebt. Das eingenommene Geld gab Roth jeweils wieder aus, um Sammlerstücke zu kaufen – Armee- und Polizeiuniformen, Waffen, Fahrzeuge sowie militärische Gerätschaften. Dieses Vermögen steht nun ungeordnet in Lagerräumen, Büros und in einem Haus herum, weit verstreut in der Region Oberaargau und Solothurn. Roth hat manchen Deal ausgehandelt, um ja nichts von seinem Besitztum entsorgen zu müssen. Allein Roths Waffensammlung nimmt mehrere Räume seiner gegenwärtigen Absteige ein. Ein offizielles Papier bescheinige ihm, auch Seriefeuerpistolen und -gewehre besitzen zu dürfen. Ein ganzes Waffenarsenal ist sein eigen, darunter russische Kalaschnikows ebenso wie Schweizer Sturmgewehre. Roth ignoriert die Skepsis und mulmige Zurückhaltung des Betrachters bei einer Besichtigung. Er präsentiert seine Waffen- wie eine Briefmarkensammlung, mit irritierendem Stolz.

Reto Haas, Jahrgang 1964, kennt das Original aus der Nachbarschaft seit Anfang der 1980er-Jahre. Er erzählt, wie sich Roth 1987 an einen Fliegeranlass in Payerne im Kanton Waadt eingeschlichen habe. Haas, der auf dem Militärflugplatz als Reparateur von Mirage-Flugzeugen arbeitete, konnte zuschauen, wie Roth in US-Uniform – bekleidet wie FA/18-Jetpiloten – ins abgesperrte Gelände eingelassen wurde. «Wenn ihn jemand auf Französisch ansprach, redete er Englisch; wenn jemand auf Englisch fragte, antwortete Roth auf Französisch», so Haas. Innerhalb des Zauns habe dieser bald Autogramme gegeben und sich zujubeln lassen.

An den Hauptmann von Köpenick erinnert Roth manchen, der Anekdoten über ihn weitererzählt. «Es wird viel getuschelt», sagt Lukas Ryser, Jahrgang 1967. Er ist in der Computerbranche tätig und kennt den Sonderling seit 20 Jahren. «Roth ist weitherum bekannt wie ein bunter Hund.» Dazu beigetragen hat, dass der fanatische Sammler lange Zeit Abwehrlenkwaffen und das Chassis eines US-Kriegshelikopters vor seinem Haus stehen hatte. Mit dem Fluggerät im Ursprungszustand waren die Amerikaner laut Roth einst in Vietnam im Einsatz, und später sei es sogar Bestandteil des Helikopterballetts in Francis Ford Coppolas Antikriegsfilm *Apocalypse Now* gewesen.

Die Leidenschaft für alles Militärische, vom Uniformabzeichen bis zum Kampfpanzer, will so gar nicht zu Roths Karriere bei der Armee passen: Diese dauerte einen knappen Tag und beschränkte sich auf die Aushebung. Der Stempel «Untauglich» im Dienstbüchlein schmerzte Roth ungemein, und er scheint ihm auch heute noch wehzutun. «Für mich brach eine Welt zusammen», sagt er, der bei den Jungschützen gewesen war und sich mit Morsekursen speziell auf die Rekrutenschule vorbereitet hatte. Doch Roth wurde wegen seines schlechten Gehörs ausgemustert. Dieses hatte Schaden genommen bei den vielen Obligatorisch-Schiessen, an denen Roth in seiner Lehrzeit als Büchsenmacher Gewehre kontrolliert hatte – im Schiesslärm, ohne Gehörschutz.

Doch der Untaugliche wurde eines Tages zum Hauptmann. Roth kann es nicht genug betonen, dass er diesen militärischen Grad trage. «Dabei kann ich nicht einmal richtig militärisch grüssen», sagt der Offizier, der dennoch kein Hauptmann von Köpenick sein will. Im Rahmen seiner Tätigkeit für das frühere Schweizerische Katastrophenhilfekorps (SKH), das der Bund 2001 neu organisierte und umbenannte, wurde Roth laut eigenen Angaben zum Hauptmann der Militärjustiz ernannt, denn seine damalige Aufgabe in Afrika habe er nur mit diesem Offiziersgrad wahrnehmen können. Der Hauptmann ohne Rekrutenschule sagt: «Ohne diesen Titel wäre ich in der Zusammenarbeit von den Einheimischen nicht akzeptiert worden.»

# DDR

«Beschlagnahme-Einziehungs-Entscheid» steht auf dem Dokument; links oben auf dem Papierkopf abgestempelt von der Zollverwaltung Görlitz. Rechts wurde in Schreibmaschinenschrift die Ort- und Datumszeile ausgefüllt: «Hirschberg, den 28.02.89».

An diesem Tag wollten Melchior Roth und sein Begleiter Roger Kipfer die damalige DDR verlassen. Sie hatten das Land mit einer Ladung Papier auf ihrem Transporter durchquert; Kipfer fuhr das Fahrzeug der Firma Schöni mit Sitz in Wynau im Kanton Bern, bei der er als Chauffeur angestellt war. Bei der Grenzkontrolle stiessen die Zöllner im Lastwagen auf Gegenstände, die sie misstrauisch werden liessen und die sie kurzerhand einzogen. «Gemäss Paragraf 19 Devisengesetz vom 19. Dezember 1973», wie es auf dem Formular heisst. Darauf sind die beschlagnahmten Objekte aufgeführt: ein Buch *Militärische Auszeichnungen der UdSSR*, ein Buch *Militärische Abzeichen der DDR*, ein Buch *Auf Ketten und Rädern*, eine Sektflasche der Marke Opernhaus sowie sechs «Trinkgläser mit Jagdmotiv». «Sie haben fahrlässig die Ihnen obliegenden Rechtspflichten bei der Ausfuhr von Gegenständen verletzt und damit den Tatbestand des Paragrafen 18. Abs. 1 Devisengesetz erfüllt», heisst es auf dem Papier. Und weiter: «Gegen diesen Entscheid steht den Betroffenen das Rechtsmittel der Beschwerde zu.»

Bei Roth selbst fanden die Beamten zudem ein Militärreglement der Volksarmee sowie eine leere Patronenhülse. «Harmlose Dinge», hält Roth fest, «aber es reichte für ein grösseres Theater.» Eine Nacht mussten er und Fahrer Kipfer in einer

**Zollverwaltung**
(Kopfstempel) Grenzzollamt Hirschberg / Autobahn
6581 Görlitz

Hirschberg, den 28.02.89

Aktenzeichen: ____________________

# ~~Beschlagnahme~~-Einziehungs-Entscheid

**B** 045638

Herrn/~~Frau~~/Frl. Kipfer, Roger — Langenthal 14.04.62
(Name, Vorname, Geburtsname) — (Geburtsort und Datum)

4555 Inkwil Moos 28 c Schweiz
(Wohnort, Straße u. Nr., Kreis, Bezirk)

Kraftfahrer Fa. Schöni Transport AG Wynau
(Tätigkeit, Arbeitsstelle)

wurden nachstehend aufgeführte Waren/Gegenstände ~~bzw. Zahlungsmittel~~

| Lfd. Nr. | Genaue Bezeichnung der Waren/Gegenstände bzw. Zahlungsmittel | Mengen-Einheit | Anzahl | Gewicht in kg | Bemerkungen |
|---|---|---|---|---|---|
| 01 | Trinkgläser mit Jagd motiv | Stck. | 6(sechs) | ---------- | ---------- |
| 02 | Sekt "Opernhaus" ---------- | Fl. | 1(eine) | ---------- | ---------- |
| 03 | Buch"Militärische Auszeichnungen der UdSSR ---------- | Stck. | 1(eins) | ---------- | ---------- |
| 04 | Buch"Militärische Abzeichen-- der DDR ---------- | Stck. | 1(eins) | ---------- | ---------- |
| 05 | Buch"Auf Ketten und Rädern" | Stck. | 1(eins) | ---------- | ---------- |
| | Ende der Eintragung bei Pos. 05 | | | | |

gemäß ~~§ 16 Zollgesetz in der Fassung des Anpassungsgesetzes vom 11.6.1968 (GBl. I Nr. 11, S. 242)~~
§ 19 Devisengesetz vom 19. 12. 1973 (GBl. I Nr. 58, S. 574)

~~beschlagnahmt~~/eingezogen.

Sie haben ~~vorsätzlich~~/fahrlässig die Ihnen obliegenden Rechtspflichten bei der ~~Einfuhr~~/Ausfuhr von Gegenständen ~~bzw. Zahlungsmitteln~~ verletzt und damit den Tatbestand des/~~der § 15 Abs. Zollgesetz~~/§ 18 Abs. 1 Devisengesetz erfüllt.

Gegen diesen Entscheid steht Ihnen das Rechtsmittel der Beschwerde zu. Soweit von diesem Recht Gebrauch gemacht wird, ist die Beschwerde innerhalb von vier Wochen nach Aushändigung/Zustellung unter Angabe der Nummer des Entscheides bei obengenannter Dienststelle einzulegen und zu begründen.

(Dienstsiegel: Deutsche Demokratische Republik)

Osekr.
(Unterschrift/Dienstgrad)

Das Protokoll wurde mir am 28.02.89 ausgehändigt.

(Unterschrift)

**Blatt 1 Zur Aushändigung/Zustellung**

Ag 309/16032/179/75/5000 Bl. IV/27/13 0131 — ZV 179

Zelle verbringen. Erst am nächsten Morgen wurden die beiden freigelassen.

Abenteurer Roth war von Beginn der 1980er-Jahre bis zum Mauerfall am 9. November 1989 nach eigenen Angaben über 20-mal in die DDR gereist. Meist mit Transitvisa, die auf einer genau vorgegebenen Route die Durchfahrt durch das Land erlaubten. Normalerweise sei er mit seinem Privatauto, einem Citroën mit Berner Nummer, unterwegs gewesen, erzählt Roth. Doch Interesse an den Missionen hatten vor allem die Amerikaner. An einem ihrer Stützpunkte in Heidelberg lieferte Roth Fotos ab, die er in der DDR aufgenommen hatte, und schilderte seine Beobachtungen. Die US-Armee habe ihn Johann Berger oder Jonathan Pride – diesen Codenamen trug Roth ja auch Jahre später im Zweiten Golfkrieg wieder – genannt und die Informationen ausgewertet. Diese seien auch an den Nachrichtendienst in Bern geflossen, der eng mit den Amerikanern zusammengearbeitet habe. Manchmal sei er allein nach Ostdeutschland gereist, auf anderen Fahrten sei ein Begleiter mitgekommen; meist ein Deutscher mit Bezug zur US-Armee. Der Mitfahrer habe Beobachtungen notiert, um sie dann nach Heidelberg weiterzugeben. «Ich gab stets acht, dass bei mir nichts Belastendes gefunden werden konnte», sagt Roth. Die Schweiz habe nicht aktiv in Ostdeutschland spioniert, sondern von den Informationen anderer Geheimdienste profitiert. Laut dem damaligen US-Agenten hat sich die Schweiz stets zurückgehalten, um ihre neutrale Position nicht zu untergraben. Die Behörden in Bern hätten gegen aussen den Eindruck vermittelt, in Berlin eine wichtige Vermittlerrolle einzunehmen.

Roth präsentiert eine ganze Reihe von Stempeln, die DDR-Amtsstellen in seine Pässe gedrückt hatten. Es zeigt sich, dass er schon 1974 als junger Erwachsener die Deutsche Demokratische Republik bereist hatte. Bereits zu dieser Zeit habe er sich für das Land und dessen Politik interessiert. Als Schweizer erhielt man einigermassen problemlos Besuchervisa. Das habe er genutzt; ohne Absicht, geheime Erkundungen einzuholen. Dieses Vorhaben habe er erst ab den 1980er-Jahren.

«Die Schweiz habe jeweils Kenntnis davon erhalten, wenn ein eigener Bürger in der DDR gewesen sei. Das wurde gemeldet und registriert.» Hätten sich Rückfragen ergeben, hätten die Stellen in Bern die Identifizierung einer Person und weitere Abklärungen vorgenommen. Glücklicherweise habe dieser Kontakt bestanden, sagt Roth. So sei gewährleistet gewesen, dass die Schweiz aktiv geworden wäre, wenn eine Person nicht mehr aufgetaucht wäre. «Die DDR wusste um die funktionierende Bürokratie in Bern und konnte niemanden einfach so in einem Gefängnis verschwinden lassen.»

Roth kam diese Konstellation zugute. Vermutlich half ihm sein Schweizer Pass in brenzligen Situationen. Die Episode in Görlitz war nämlich nicht die einzige Konfrontation mit Behörden der DDR. Einer anderen Auseinandersetzung musste er sich bereits Jahre zuvor stellen, als er von der vorgegebenen Transitstrecke Helmstedt–Berlin wegfuhr, um in Magdeburg Einrichtungen der Feldartillerie zu fotografieren. Die Volkspolizei habe damals überall Kontrollen durchgeführt, sagt Roth. «Die Aufpasser wussten genau, dass ein Auto mit Schweizer Kennzeichen auf der Transitroute zu fahren hatte – und nirgendwo sonst.» Sein Citroën sei registriert gewesen, und der Polizist, der ihn anhielt, habe ihm mit forschem Auftritt deutlich gemacht: «Sie haben auf dieser Nebenstrasse nichts zu suchen.» Warum er überhaupt von der Hauptachse abgewichen sei, habe sich der Beamte erkundigt. Roth war um eine Antwort nicht verlegen: «Ich wollte nach Magdeburg, zu dem Turm, von dem Till Eulenspiegel der Sage nach heruntergesprungen sein soll», antwortete er. Damit war die Sache für

Dieses Transitvisum berechtigt BR 2748097

Name ROTH

Vorname MELCHIOR

Geburtsdatum 31.3.50

Reisedokument-Nr. 6565773 BRD/WB/ CH

mit ______ Kind/ern

zur Fahrt in dem für die unverzügliche Durchreise benötigten Zeitraum
durch die Deutsche Demokratische Republik
nach CSSR / VR Polen / Schweden / Dänemark / BRD / Westberlin

Einreise DDR 30 1279 130 Wartha 077

Ausreise

den Polizisten erledigt. Keine Gefahr für das Land, eine harmlose Angelegenheit.

Roth kehrte auf die Hauptstrasse zurück und fasste den Entschluss, bei der nächsten Verzweigung wieder rauszufahren. Er kam ins Zentrum von Magdeburg, wo ihn die Volkspolizei erneut an den Strassenrand winkte. «Ich verschwieg natürlich, dass ich bereits kurz zuvor kontrolliert worden war», so Roth. «Ich musste im Verlauf des Gesprächs aber feststellen, dass die Polizisten von ihren Kollegen über Funk informiert worden waren.» Als Roth noch einmal das Märchen von Eulenspiegel erzählen wollte, sei er von den Beamten angeherrscht worden, dass man ihn bereits bei der vorherigen Überprüfung angewiesen habe, die Transitroute nicht zu verlassen. Was er denn so unbedingt in Magdeburg wolle?

Roth beabsichtigte dort, sich über militärische Einrichtungen kundig zu machen. Die Stadt sei schwer befestigt gewesen. Die Russen hätten ihre Feldartilleriebrigaden nach Magdeburg verlegt. Deren Stärke kannte man laut Roth nicht. Vor allem habe aber niemand gewusst, mit welcher Art von Artilleriewaffen die Truppen ausgerüstet gewesen seien. «Alle Welt trieb es um, ob sie damit chemische oder sogar nukleare Kampfstoffe verschiessen konnten. Das war die grosse Frage.» Diese habe man an der Front klären lassen wollen, denn die Munitionskisten seien – wie bei der Schweizer Armee auch – angeschrieben und mit Bildern beklebt gewesen.

Das Abweichen von der Transitroute hatte für Roth weitere Folgen. Die Kontrollstellen hätten genau gewusst, dass man für die Strecke Helmstedt–Berlin etwa eineinhalb Stunden benötigte. Durch die Umwege und weil ihn die Volkspolizei zweimal aufgehalten habe, sei er etwa mit zwei Stunden Verspätung am Checkpoint Charlie angekommen. Er sei gefragt worden, warum er erst jetzt am Grenzübergang eintreffe, be-

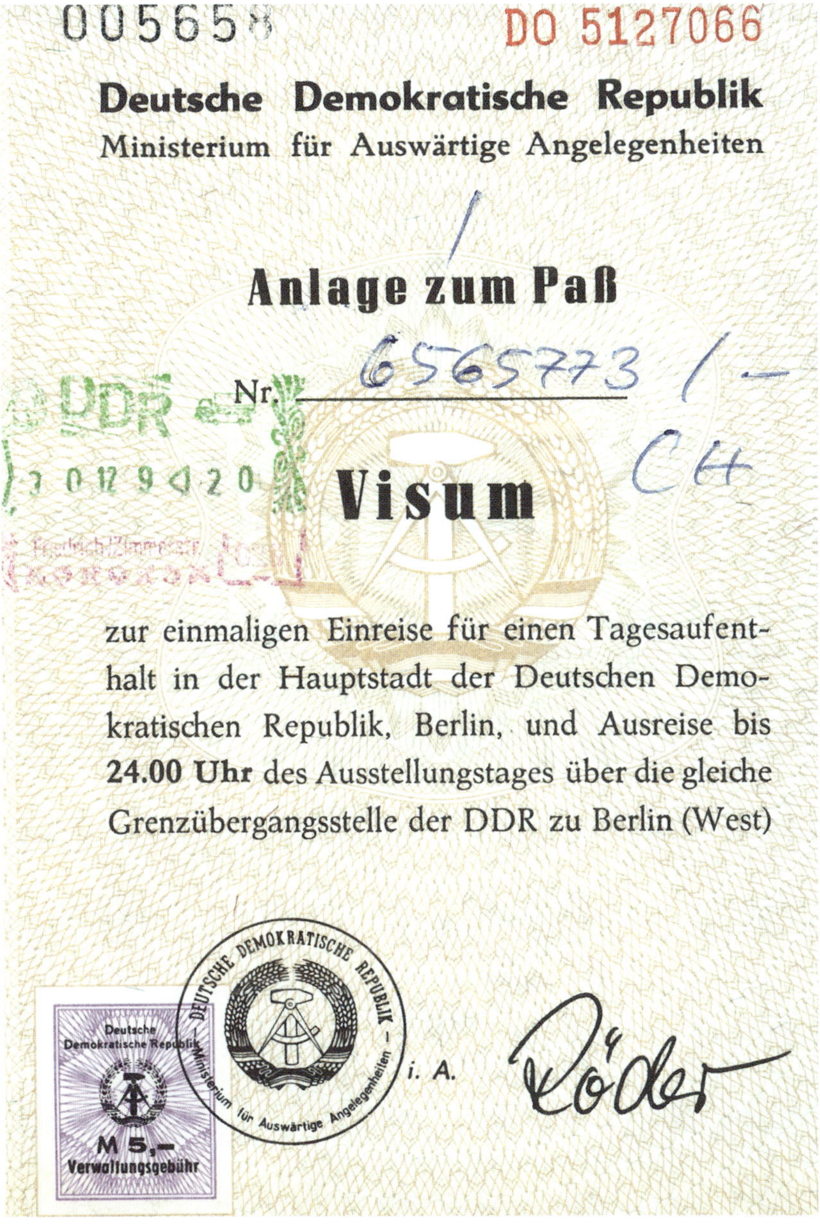
005658 DO 5127066

**Deutsche Demokratische Republik**
Ministerium für Auswärtige Angelegenheiten

**Anlage zum Paß**

Nr. 6565773 / –
CH

**Visum**

zur einmaligen Einreise für einen Tagesaufenthalt in der Hauptstadt der Deutschen Demokratischen Republik, Berlin, und Ausreise bis **24.00 Uhr** des Ausstellungstages über die gleiche Grenzübergangsstelle der DDR zu Berlin (West)

Deutsche Demokratische Republik
M 5,–
Verwaltungsgebühr

DEUTSCHE DEMOKRATISCHE REPUBLIK – Ministerium für Auswärtige Angelegenheiten –

i. A. Röder

richtet Roth. Weil er die Zwischenfälle nicht erwähnt habe, «gab es wieder ein ‹Gstürm›»; denn die Zöllner hätten von den Kontrollen erfahren. Als sie dann noch ein Abzeichen der amerikanischen Armee in seinem Auto gefunden hätten, erzählt Roth, hätten ihn die Beamten in eine Arrestzelle gesperrt. «Dort haben sie ihre zermürbenden Psychotricks angewendet.» So hätten sie ihn nach einer halben Stunde gefragt, ob er etwas essen wolle. Laut Roth, um den Eindruck eines länger dauernden Arrests zu erwecken. Zudem sei er in einem engen Raum ununterbrochen mit nervenzehrender Musik berieselt worden. Er wolle nichts essen, sondern wissen, wann er endlich gehen könne, sagte Roth dem Beamten. «Als er mich verhörte, gab ich ihm zu verstehen, dass ich nichts beifügen könne, was ich nicht bereits den Volkspolizisten bei den beiden Strassenkontrollen gesagt hatte.» Eine Stunde später liessen die Zöllner den festgehaltenen Schweizer weiterreisen.

Misstrauen hatte Roth schon auf anderen DDR-Reisen erweckt. Einmal wurden er und sein Begleiter angehalten, als sie im Fahrzeug Funkgeräte und Feldstecher mitführten. Die Polizisten liessen die beiden verdächtigen Schweizer aber weiterziehen, nachdem sie ihnen versichert hatten, das Material sei nicht für Empfänger in der DDR bestimmt.

Auf einer anderen Reise – Roth war allein unterwegs – hatte er im Auto vier Transistorradios dabei, die er einem ostdeutschen Bekannten bringen wollte. Er habe während früherer Aufenthalte im Land Kontakte zu DDR-Bürgern geknüpft. Dabei sei der Wunsch nach Mittelwellenradios aufgekommen, mit denen man westliche Sender empfangen konnte. Als Roth mit den vier Geräten nach Ostdeutschland einreiste, durchsuchten Zöllner seine Tasche und entdeckten die Radios. Weiter führte Roth ein Fernglas und einen Fotoapparat mit. Die Grenzbeamten listeten die Gegenstände auf einem Dokument

WILLKOMMEN
N HELMSTEDT
PARTNERSCHAFT
MIT
VITRÉ
RANKREICH
CHARD
ENGLAND
HALT
ALLIED CHECKPOINT BRAVO
ALL ALLIED TRAVELLERS
REPORT HERE
STOP
POINT DE CONTROLE
ALLIE BRAVO
TOUS LES VOYAGEURS ALLIES
DOIVENT SE PRESENTER ICI.
RASTSTÄTTE
Allied Checkpoint
ALPHA
Poste de Contrôle Allié
Halt!
Hier
Grenze

auf, dessen Doppel sie behielten. Als Roth das Land wieder verlassen wollte, konnte er die Radios nicht mehr vorzeigen, denn er hatte sie ja dem Bekannten geschenkt. Auf die Frage des Zöllners, wo die Geräte geblieben seien, antwortete Roth nach eigenem Bekunden: «Oh, die sind kaputt gegangen.» Die Batterien seien ausgelaufen, worauf er die Radios auf einem Autobahnparkplatz in einem Mülleimer entsorgt habe.

Roth machte die Rechnung ohne den Beamten. Prompt schickte dieser über Funk einen Polizisten los, um den Kehricht zu durchsuchen. Dass Roth sie düpieren wollte, verärgerte die Zöllner. Sie insistierten und fragten den Schweizer noch einmal, wo die Radios geblieben seien. Roth schwadronierte, vielleicht habe er sie in einem anderen Müll entsorgt, er erinnere sich nicht mehr so genau. Stunden vergingen. Um 7 Uhr morgens war der Schweizer am Grenzübergang angekommen, abends um 18 Uhr wurde er immer noch festgehalten. «Keine Weiterfahrt, bevor die Radios nicht auftauchen», beschieden die Zöllner dem Filou.

«Möglicherweise habe er die Geräte in Berlin in die Spree geworfen», tischte Roth nun als nächste Version auf. «Sie sind sich bewusst, dass es strafbar ist, die elektronischen Apparate so zu entsorgen?», konterte der Beamte. Roth besann sich in der Folge darauf, nicht mehr zu wissen, was er mit den Radios gemacht habe. Am späteren Abend sei er schliesslich auf freien Fuss gesetzt worden. Gemäss Roths Vermutung wollten die Grenzbeamten damit weitere Wirren vermeiden. «Zu dieser Zeit mussten die Zöllner eine übergeordnete Meldestelle informieren, wenn sie auf der Transitroute jemanden über Nacht arretierten. Das war es ihnen dann doch nicht wert.»

Melchior Roth erklärt vor dem Hintergrund seiner Reibereien mit verschiedenen DDR-Behörden, wie es zu seinen Dienstreisen für die US-Armee gekommen war. Ursprünglich

**THIS** is what your sighting report should contain :

1. LICENSE NUMBER of SMLM vehicle
2. COLOR and MAKE of SMLM vehicle
3. TIME and DATE of sighting
4. LOCATION where SMLM vehicle was seen (give details like name of town, number of highway or autobahn, kilo-meter-stone marker or coordinates if possible, between which towns, on au-tobahn between which exits, etc)
5. DIRECTION OF TRAVEL of SMLM vehicle and if it was parked or moving
6. OCCUPANTS: Number, sex, type of clothing worn
7. SPECIAL OBSERVATIONS: Were occu-pants out of vehicle, using cameras, binoculars, maps, note books, etc? Was vehicle involved in running convoys, near military units or installations, near maneuver areas, etc?

**AE Form 3231,** 1 Aug 77
Previous editions are obsolete.

**THIS** is what a license plate of a

SOVIET MILITARY LIAISON MISSION
(SMLM)
vehicle looks like

(The number being different in each case)

If you see a SMLM vehicle, notify

IMMEDIATELY

- TELEPHONE Mil 98 or
- TELEPHONE Mil 2311-6066 or
- TELEPHONE Civ 0611-151-6066

ACT QUICKLY! BE ACCURATE!

sei er als junger Erwachsener in Karlsruhe rekrutiert und dann nach Miesau nahe Kaiserslautern versetzt worden. Dort befand sich das grösste Munitionsdepot der USA ausserhalb des eigenen Landes. Alles stand laut Roth unter Geheimhaltung. «Niemand wusste davon.» Er sei als Fahrer nach Miesau detachiert worden.

Dass er als Schweizer überhaupt der US-Armee dienen konnte, sei einem Zufall zu verdanken, erzählt Roth. Ein Onkel, der für das US-Militär arbeitete, sei ihm behilflich gewesen, eine Anstellung zu erhalten. Roths ursprüngliche Pläne, auf einem US-Schiff anzuheuern, hatten sich nämlich wegen der Dollarkrise von 1971 zerschlagen, sodass er ohne Beschäftigung dastand. Der Onkel wusste Rat: Er könne sich als Schweizer zwar nicht als Soldat bewerben, aber mit seiner Ausbildung als Waffenmechaniker sei es möglich, von der US-Armee in dieser Funktion berücksichtigt zu werden, legte er seinem Neffen dar. Roth ging diesen Weg, der über die USA zurück nach Deutschland führte. In den USA musste sich ausbilden lassen, wer eine Stelle wollte. Roth wurde am Militärstützpunkt Fort Rucker in Alabama geschult. «Es ging vor allem darum, dass die Formalitäten stimmten», sagt er rückblickend.

Wen wundert's noch? Melchior Roth erlebte auch den Fall der Mauer am 9. November 1989 direkt mit. Für die Berliner US-Brigade, die sogenannte Regenbogeneinheit, habe er damals die Entwicklung in Ostdeutschland mitverfolgt. «Es ging darum, die Bewegungen der militärischen Formationen auszukundschaften und zu beobachten, was sich in der DDR tut.» Es sei zu dieser Zeit absehbar gewesen, dass die Mauer nicht mehr lange fortbestehe, doch das schnelle Ende habe alle überrascht. «Deshalb war ich am historischen Tag zufällig in Berlin, und mein Auftrag war plötzlich hinfällig geworden.» Während des

Bestehens der DDR habe er sich in Berlin nicht nur im US-Militärsektor bewegt, sondern ebenso in den Gebieten der Franzosen und Briten. Aber auch den unter russischer Hoheit stehenden Abschnitt hatte Roth laut eigener Aussage mehrmals betreten.

Trotz seiner Aufenthalte in den Sperrzonen und seiner zahlreichen Reisen durch Ostdeutschland – mit Arretierungen durch die Polizei und den Zoll – fertigte die DDR-Staatssicherheit (Stasi) vermutlich keine Akte zu Melchior Roth an. Jedenfalls schreibt der Bundesbeauftragte für die Unterlagen des Staatssicherheitsdienstes der ehemaligen Deutschen Demokratischen Republik zum Gesuch um Einsichtnahme in ein allfälliges Dossier zu Roth: «Bei den Recherchen zu Ihrem Antrag wurden keine Unterlagen aufgefunden, die ich Ihnen gemäss Stasi-Unterlagen-Gesetz zur Verfügung stellen könnte. Diese Information stützt sich auf den derzeit erschlossenen Bestand der Unterlagen des Staatssicherheitsdienstes.» Das Schreiben des Bundesbeauftragten ist datiert auf den 23. Mai 2019.

Von den Stunden nach dem Mauerfall weiss Melchior Roth eine Anekdote zu erzählen, die das damalige Tohuwabohu illustriert. Zusammen mit einem Kollegen habe er, aus der DDR ausreisend, am Posten Drewitz die Grenze nach Westberlin passiert. Am Übergang habe ein deutscher Zöllner seinem Begleiter 100 D-Mark in die Hand gedrückt. Diesen Betrag erhielten ausreisende DDR-Bürger damals in der Bundesrepublik als Begrüssungsgeld. Im Gedränge habe der Beamte die Noten verteilt, ohne die Pässe der Empfänger zu kontrollieren. Er habe einfach angenommen, alle einreisenden Ankömmlinge stammten aus der DDR, sagt Roth. «So erhielt mein Schweizer Kollege kurz nach der Wende in Deutschland Begrüssungsgeld.»

조국 통일의 길
1

CAMP BONIFAS
JSA 경비대
CDR LTC SON,GWANG-JE
CSM KIM, MIN-KI

# Nordkorea

Wie sind die Stromzähler in Nordkorea gebaut? Dieser Frage ging Melchior Roth Anfang 1992 nach, als er mit einer Gruppe Touristen die Demarkationslinie zwischen Süd- und Nordkorea überschritt. Er habe uniformierte Personen und öffentliche Infrastrukturen fotografiert, obwohl dies verboten gewesen sei, sagt Roth. Er handelte in eigenem Auftrag; wissend, was an Dokumentationen und Informationen von Interesse sein könnte.

Seine offizielle Aufgabe war eine andere: Roth war in die entmilitarisierte Zone auf dem 38. Breitengrand geschickt worden, um Material der Schweizer Delegation nach Bern zurückzubringen. Als sich aber die Gelegenheit für einen Abstecher in das eigentlich nicht betretbare Nachbarland ergab, nutzte Roth diese in typischer Eigenart. Zugang nach Nordkorea erhielt er dank einer mehrheitlich aus Deutschen bestehenden Touristengruppe, der er sich anschloss.

Aus DDR-Zeiten herrührend, pflegte Deutschland früh Beziehungen mit Nordkorea – die DDR hatte einst eine Botschaft in der Hauptstadt Pjöngjang –, sodass, verglichen mit anderen westlichen Besuchern, überdurchschnittlich viele Deutsche in das abgeschottete Land reisen konnten. Allerdings war die kurze Route genau festgelegt, und nur an bestimmten Orten durften die Touristen den Bus verlassen. Ihm sei es jedoch bei einem Halt gelungen, aus der Gruppe auszuscheren und andere, nicht zur Besichtigung vorgesehene Objekte anzuschauen, sagt Roth. Weil er eine Uniformjacke getragen habe, hätten ihn die verunsicherten Aufpasser gewähren lassen.

«Fotografieren konnte ich allerdings nur versteckt, sonst wäre ich angehalten worden.» Deshalb sei es für ihn auf der Stippvisite nicht einfach gewesen, Bilder zu knipsen, hält Roth fest. «Es gab keine Handykameras, und ich fotografierte aus einem Taschentuch heraus, wie ich es in Kursen des Nachrichtendienstes gelernt hatte.» Die heimlich gemachten Fotos aus Nordkorea seien zwar wenig aussagekräftig gewesen, doch die Schweizer Abnehmer hätten sich davon Rückschlüsse auf den technischen Stand im unzugänglichen Land erhofft. Er habe die Bilder seinem Vorgesetzten übergeben, der zwei Jahre lang für die Schweiz in der entmilitarisierten Zone stationiert war.

Gekommen, um Material entgegenzunehmen und nach Bern zurückzuführen, bewegte sich Roth einmal mehr in einem diplomatischen Minenfeld. Was ihm nicht schadete. Jedenfalls pflegte er zum Kadermann des Bundes, dem er in Korea zugeteilt war, auch nach dessen Rückkehr in die Schweiz weiter privaten Kontakt.

Die Schweiz schickte in den letzten Jahrzehnten mehrere Hundert Offiziere, um den 1953 vereinbarten Waffenstillstand zwischen Nord- und Südkorea zu überwachen. Sie war von Beginn an Teil einer Kommission neutraler Staaten, die Kontroll-, Beobachtungs-, Inspektions- sowie Untersuchungsfunktionen ausüben sollte. Doch die Aufgaben wurden gar nie in diesem Umfang wahrgenommen und sogleich auf Inspektionen reduziert.

Mit ihrem Engagement in Korea stellte die Schweiz ihre erste friedensfördernde militärische Mission. Gut 20 Jahre später, im Jahr 1974, nahm die Schweiz dann diplomatische Beziehungen zu Nordkorea auf. Seit 1995 leistet sie dort über die Direktion für Entwicklungszusammenarbeit (DEZA) und das Rote Kreuz auch humanitäre Hilfe. Das DEZA-Engagement begann mit der Unterstützung der Not leidenden Bevölkerung,

die seit dem Beginn der 1990er-Jahre von einer Hungersnot betroffen ist. 1997 eröffnete die DEZA ein Büro in Pjöngjang, das Entwicklungsprojekte umsetzt, zum Beispiel zur Gewinnung von sauberem Trinkwasser, zur Abwasserbewirtschaftung sowie zum Umweltschutz. Zudem half die Schweiz, gegen die Erosion von exponierten Hängen anzugehen.

# Russland

Fotos zeigen Melchior Roth auf dem Roten Platz in Moskau. Aber er ist nicht als Tourist in Freizeitkleidung zu sehen, sondern in einer Kämpferuniform der Schweizer Armee. Gar nichts erinnert an James Bonds *Liebesgrüsse aus Moskau*, die dieser in edlem Zwirnanzug versandte. Viel eher gibt der uniformierte Roth den grossen «Plätzlibueb» aus Bärau.

In dieser Rolle – unterschätzt, aber schlau und zu allem bereit – verschaffte sich Roth Zutritt zu Orten, die damals kaum ein Ausländer zu sehen bekommen habe, wie der deutsche Geheimdienstexperte Erich Schmidt-Eenboom verwundert feststellt. Roth war wandelbar. So tauschte er seinen Schweizer Kämpfer bald gegen eine russische Polizeiuniform, wie weitere Bilder belegen. Als Moskauer Major posierte er mit Offizieren, wie wenn er deren Polizeieinheit angehört hätte.

1993 und 1994 weilte Melchior Roth in Moskau. Der erste Besuch dauerte nur einige Tage, beim zweiten Mal blieb er rund drei Wochen dort. Laut eigenen Aussagen spielte er dem Schweizer Nachrichtendienst von diesen Missionen Informationen über die damalige Neueinteilung der russischen Armeeeinheiten zu. Ausserdem habe er sich auch darüber kundig gemacht, wie das Kommando für Nuklearwaffeneinsätze umorganisiert worden sei. «Klar, das war Spionage», sagt Roth heute offen.

Die ehemalige Sowjetunion war seit Ende 1991 Geschichte, die neue Strukturierung des Apparats schritt in den Folgejahren zäh und schleppend voran. Mit Interesse und Argwohn beobachtete das westliche Ausland die Entwicklung in Russland.

Die Schweiz hatte historisch ein gespaltenes Verhältnis zur Sowjetunion. Die diplomatischen Beziehungen waren 23 Jahre lang auf Eis gelegt, nachdem 1923 ein sowjetischer Diplomat in Lausanne erschossen worden war. Die Tat hatte ein 27-jähriger, einst in Russland geborener Schweizer begangen. Dieser hatte in der zaristischen Armee gedient und gegen die Bolschewiken gekämpft. Der Bundesrat wurde von offiziellen sowjetischen Kreisen für den Mord verantwortlich gemacht. Das Verhältnis zwischen den beiden Ländern trübte 1934 überdies der damalige Schweizer Aussenminister Giuseppe Motta mit kritischen Äusserungen zur Sowjetunion. Die Internierung von mehr als 10 000 Soldaten und Offizieren, die gegen Kriegsende aus der UdSSR in die Schweiz geflüchtet waren, belastete das politische Klima zusätzlich.

Ab Juni 1945 verhandelten die beiden Länder wieder miteinander; 1946 wurden erneut diplomatische Beziehungen aufgenommen. Weil die Sowjetunion nach dem Zweiten Weltkrieg viel Macht gewann, war die Schweiz auf ein einvernehmliches Miteinander angewiesen. Dennoch entwickelte sich die Kooperation bis zu Stalins Tod 1953 nicht wunschgemäss. Erst danach entspannte sich die Situation zeitweise. Allerdings verhinderte der Kalte Krieg ein unverkrampftes, vertrauensvolles Verhältnis zwischen den beiden Seiten.

Die Schweiz erkannte die neue Russische Föderation und die anderen Nachfolgestaaten früh an, als ab Ende 1991 mit der Auflösung der Sowjetunion eine Annäherung einsetzte. Diese wirkte sich wirtschaftlich positiv aus, Ein- und Ausfuhren stiegen kontinuierlich an.

Die Sowjetunion spionierte in der Schweiz während des Kalten Kriegs – und auch danach – intensiv. Ein ansehnlicher Teil der Diplomaten war mitunter damit betraut, Erkundungen über geheime Einrichtungen einzuholen. Inwieweit Bern in

Moskau Agenten einsetzte, ist wenig bekannt. Vor allem bezog die Schweiz Auskünfte von ausländischen Nachrichtendiensten, mit denen sie zusammenarbeitete. Wenn sich aber – wie im Fall von Melchior Roth – die Gelegenheit ergab, wurden alle vorhandenen Quellen angezapft, um Informationen zu beschaffen.

Agent Roth sagt, neben den heiklen Angaben zur russischen Armee habe er 1993 und 1994 viele belanglose Angaben weitergegeben. Etwa dazu, wie sich die Menschen in der U-Bahn verhielten oder wie Militär- und Polizeiuniformen aussahen. Dass er in einem Kampfanzug des Schweizer Militärs angereist war und sich darin zeigte, habe den Schweizer Botschafter in Moskau enorm irritiert. Doch dank seiner Klamotten habe er russische Offiziere und Polizisten treffen können, hält Roth fest. «Der Kämpfer verschaffte mir Sympathien und Respekt.» Weil er jedoch in Moskau mit der fremden Uniform aufgefallen sei, hätten ihn die Russen mit einer eigenen Majorskluft eingekleidet. Dadurch habe er Zugang zu geheimen Einrichtungen erhalten und sogar auf dem Gelände und in Gebäuden des russischen Geheimdienstes fotografieren können.

Diese Erlaubnis gaben die Russen aber nicht ohne Absichten. Roth diente ihnen als Informant; er handelte auf dem Nachrichtenbasar eifrig mit. «Ich war kein Geheimnisträger der Schweiz», rechtfertigt er sich. Roth sah sich den Gastgebern zudem verpflichtet, weil ihn der damalige russische Militärattaché in Bern mit einem Schreiben ausgestattet hatte, das ihm in Moskau manche Tür öffnete. Die beiden Männer hatten in den 1990er-Jahren regelmässig Kontakt, und offensichtlich versprach sich der Attaché von Roths Besuchen in Moskau einen Nutzen für seine Seite.

Roth erteilte Auskunft. So hätten sich die russischen Polizeioffiziere etwa für das Funktionieren der Sondereinheit Enzian

КОРПУС
4
КОРПУС

МИЛИЦИЯ

der Berner Kantonspolizei interessiert und ihn zur Organisation, zur Grösse des Korps sowie zur Einsatzdoktrin befragt. Die Gesprächspartner hätten laut Roth vor allem irrelevante Informationen eingeholt, die auch auf anderem Weg leicht erhältlich waren – vor allem, was die Schweizer Armee anbelangte. Es sei vor allem um Hinweise zur Truppenstärke gegangen. Die Russen hätten zum Beispiel wissen wollen, wie viele Ärzte und Sanitätsfahrzeuge dem Militär zur Verfügung stünden. Oder sie hätten die Zahl der Übermittlungsspezialisten sowie der Wettersoldaten ausfindig machen wollen. «Immer wieder waren die Zuhörer erstaunt, wie viele Spezialisten in der Schweizer Armee dienten», sagt Roth.

Er hielt sich an das nachrichtendienstliche Prinzip des Gebens und Nehmens. Dieses funktioniert, solange den Beteiligten die erhaltenen Informationen wertvoller erscheinen als die preisgegebenen. Ausserdem hiess Nehmen im Fall des unerschrockenen Spions Roth auch Holen. Er praktizierte in Moskau Selbstbedienung, indem er inkognito und allein Ausflüge zu militärischen Einrichtungen unternahm. So fotografierte der Schweizer russische Militärflugplätze in der Umgebung und fand heraus, dass überall die Pisten verlängert wurden. Roth erklärt, diese Erkenntnis habe für Fachleute Rückschlüsse auf Strategien der Luftwaffe sowie auf Pläne für den Kauf neuer Kampfflugzeuge zugelassen.

Melchior Roth operierte in Moskau von der Schweizer Botschaft aus. Die Angestellten wussten nicht so recht, in welchem Auftrag der eigenartige, uniformierte Gesandte aus der Heimat unterwegs war. Sie waren aber offensichtlich instruiert, Roth gewähren zu lassen und ihm Gastrecht zu gewähren. Er sei wie meist bei seinen Auslandsreisen über die Diplomatenkasse bezahlt worden und habe Spesen verrechnen können, erzählt Roth. Das Swissair-Flugticket sei für ihn gebucht wor-

BUFFET
ПК №29
(-01

МАГА
ВОЕНТОРГ
ЖЕНСКАЯ

den. Während seines Aufenthalts in Moskau habe er auch die niederländische Botschaft besucht und sich mit deren Personal ausgetauscht.

Im Zusammenhang mit seinen Expeditionen in Russland nennt Roth den Namen Dino Bellasi. Über Mittelsmänner habe er damals mit ihm zusammengearbeitet. Von den direkten Auftraggebern und Führungsoffizieren habe er aber teilweise nur die Decknamen gekannt. Doch von Bellasi wusste man laut Roth weitherum, wer er war. Der Agent sagt, er habe an Leute in dessen Umfeld rapportiert und ihnen Informationen zugetragen, die er in Moskau gesammelt habe. Bellasi persönlich sei er zwar das eine oder andere Mal begegnet, direkt mit ihm ausgetauscht habe er sich jedoch nie.

Bellasi arbeitete ab 1988 beim Schweizer Geheimdienst, wo er Ausbildungskurse organisierte und als Rechnungsführer tätig war. In dieser Funktion veruntreute er fast 9 Millionen Franken und finanzierte sich eine Waffensammlung. 1999 flog diese Misswirtschaft auf, Bundesanwaltschaft und Militärjustiz schalteten sich ein. In einer Medienmitteilung vom September 1999 schrieb das Verteidigungsdepartement, es habe eine militärische Voruntersuchung gegen Bellasi angeordnet. Gegenstand waren mit privaten Waffen durchgeführte Schiessübungen in den Jahren 1995 bis 1997. Bellasi, Mitarbeiter der Untergruppe Nachrichtendienst, habe auch ein Munitionsdepot auf dem Waffenplatz Sand-Schönbühl in der Nähe von Bern unterhalten.

Melchior Roth sagt, er habe Bellasi dort einmal angetroffen, als dieser einen Kurs vorbereitete. Selbst habe er aber nie an einer solchen Ausbildung teilgenommen. Alle hätten jedoch von Bellasis Waffen- und Munitionslager auf der Anlage gewusst. Als Bundesanwältin Carla del Ponte Bellasi im August 1999 einvernahm, sagte dieser, er sei mit dem Aufbau eines

Schattennachrichtendienstes beauftragt gewesen. Der damalige Verteidigungsminister Adolf Ogi sprach an einer an einem Sonntag eilig einberufenen Medienkonferenz von «Dimensionen, die mit den Stichworten Waffenlager, Waffenhandel, organisierte Kriminalität und Geheimarmee umschrieben werden könnten».

Rund zehn Tage später, Ende August 1999, widerrief Bellasi seine ursprünglichen Aussagen, wie Bundesanwältin del Ponte publik machte. Die weiteren Beschuldigten in der Affäre – Vorgesetzte Bellasis und dessen Frau – wurden entlastet. Dennoch blieb Peter Regli, Chef des Nachrichtendienstes, beurlaubt und musste seinen Posten rund drei Monate später abgeben. Mit Regli sei er nie in Kontakt gekommen, sagt Roth.

Dino Bellasi – nun als Einzeltäter dastehend – wurde 2003 wegen Betrugs, Urkundenfälschung, unzutreffender Anschuldigungen und anderer Delikte zu sechs Jahren Gefängnis verurteilt. Ein Teil der Strafe wurde ihm wegen guter Führung erlassen, sodass er bereits nach einem halben Jahr wieder freikam.

# Belp

Auf das Foto vom Flughafen Belp bei Bern ist Melchior Roth besonders stolz. Es zeigt ihn, im Jahr 1992, in der Ausgangsuniform der US-Armee vor Reihen Schweizer Soldaten in Kampfanzügen, die präzise ausgerichtet bereitstehen. Sie bilden die Ehrengarde, die US-Oberbefehlshaber Colin Powell empfangen wird. Roth steht in einigen Metern Distanz zu den Soldaten auf dem Platz und posiert mit staatsmännischer Miene für den Fotografen. Er allein im Vordergrund, die Kompanie weit weg als Staffage.

Korpskommandant Heinz Häsler und seine Offiziere, die Gastgeber, sind in diesem Augenblick nicht so nahe am Geschehen wie der damals 42-jährige Eindringling, der sich trotz strikter Sicherheitsvorkehrungen in die Sperrzone eingeschlichen hat. Wegen Roths peinlichem Coup setzte es im Nachgang Rügen für die hochrangigen Militärs ab, die das Dispositiv erarbeitet hatten und nun blossgestellt waren. Zu ihnen gehörte laut Roth auch der im April 2020 verstorbene Christophe Keckeis, der später – zwischen 2003 und 2007 – als Korpskommandant und Chef der Armee den höchsten militärischen Posten innehatte. Als Powell die Schweiz besuchte, war Keckeis in seiner Funktion als Oberst mit dem Kommando des Luftverteidigungsregiments betraut.

Der spätere Armeechef und Korpskommandant (ab 2004) sagt im Februar 2019 bei einem Treffen, er könne sich nicht erinnern, Roth je persönlich begegnet zu sein. «Ich kenne ihn nicht.» Keckeis, fünf Jahre älter als Roth, empfindet aber wenig Sympathien für Typen wie diesen. Er sei offensichtlich als ungesteuerter, unberechenbarer Agent unterwegs gewesen. Besonders ärgert Keckeis, dass er Roth auf Fotos in Uniformen verschiedener Länder auftreten sieht. «Er gebärdet sich wie auf einem Basar oder an einer Fasnacht.» Dabei gelte im Militär: «Man kann nur eine Uniform tragen.» Wer diesen Grundsatz nicht einhalte, habe ein Persönlichkeitsproblem.

Eingefleischte Armeefans wie Roth habe er in seiner Laufbahn verschiedentlich angetroffen; oft seien sie von einem kranken Patriotismus gelenkt gewesen und hätten sich nahe an rechtsextremen Kreisen bewegt, sagt Keckeis. Unzählige private Museen, die von Sackmessern über Anstecker bis zu Unterhosen von Truppeneinheiten alles enthielten, zeugten vom Volkssport Sammeln.

Privat motivierte Missionen seien klar zu unterscheiden von offiziellen, hält Keckeis fest. Die mit den höchsten Stellen abgesprochenen Aufträge seien eindeutig definiert gewesen. Das Aussendepartement habe den Lead innegehabt, das Militär die Mittel zur Verfügung gestellt – etwa, wenn es ums Rekognoszieren gegangen sei. «Da war eine Allee vorgegeben.» In Einzelfällen nur seien Hasardeure ausgeschert. Keckeis sagt: «Die Realität zu vergessen, mag es aber nicht leiden.»

Keckeis, der nach seiner Militärkarriere am Genfer Zentrum für Sicherheitspolitik tätig wurde, verweist mit einer offensichtlichen Spitze gegen Melchior Roth darauf, dass in offiziellen, breit abgestützten Missionen meist Personen mit akademischem Hintergrund eingesetzt worden seien. Er erinnert sich etwa an eine Aktion aus dem Frühling 1979, bei der er, damals als Kampfjetpilot tätig, selbst einen Part übernommen hatte. Der Bundesrat habe direkt über den damaligen Luftwaffenchef Paul Leuthold eine Kooperation mit Israel eingefädelt, das damals mit Jordanien verfeindet war. Piloten wie er, sagt Keckeis, hätten israelischen Kollegen den Tiger-Kampfjet demonstriert, um sie für einen Abwehrkampf gegen die jordanischen Streitkräfte – diese besassen wie die Schweizer Armee Tiger-Flugzeuge – zu trainieren. Im Gegenzug hätten die israelischen Piloten ihn und seine Kollegen in der optimalen Nutzung der Mirage-Jets – diese waren ebenfalls Bestandteil der Schweizer Luftwaffe – geschult. Keckeis erzählt: «Wir übten mit den Flugzeugen, wie es in keinem Reglement vorgesehen war. Die kriegserprobten Israeli zeigten uns alle Tricks.» Die Gäste seien damals privat untergebracht gewesen, auch er habe einen israelischen Piloten bei sich zu Hause beherbergt.

Die geheime Kooperation der Schweizer Luftwaffe mit Israel flog später auf und löste heftige Kritik aus. Keckeis betont, für solche von höchster Stelle bewilligten Missionen seien eingeweihte Vertrauensleute, meist Offiziere mit langjähriger Erfahrung, eingesetzt worden. Diese Kameraden sprächen bis zu ihrem Tod nicht über militärische Geheimnisse, Aufträge sowie nachrichtendienstliche Praktiken und Partner. Sie blieben einem Schwur treu. Dies erwähnend, kritisiert Keckeis gleichzeitig den Umgang Roths mit streng vertraulichem Wissen. Augenscheinlich brüste sich der Militärfan mit seinen Erlebnissen als Diener mehrerer Herren.

Stets sei er als «kurliger Kerl» wahrgenommen worden, sagt Roth dazu. «Bewusst haben die Verantwortlichen für die Knochenarbeiten Typen wie mich ausgewählt.» Es sei Teil ihrer Strategie gewesen, dass ins Ausland Entsandte dort nicht als Gefahr wahrgenommen werden sollten.

Ein ehemaliger Oberst im Generalstab sagt, es sei ein Wunder, dass Roth nie etwas zugestossen sei. «Niemand hätte ihn rausgeholt.» Auch weil er sich oft in Gefahr begeben habe, indem er sein Betätigungsfeld auf eigene Faust erweiterte. Roth gibt an, häufig habe er, wenn er für das Schweizerische Katastrophenhilfekorps (SKH) im Einsatz gewesen sei, nebenbei nachrichtendienstliche Aufträge erhalten. In dieser Doppelrolle habe die Devise gegolten: «Wenn es Schwierigkeiten gibt, gehörst du zum Katastrophenhilfekorps.» Nicht nur aus politischen Gründen, sondern auch wegen Haftungsfragen hätten Nachrichtendienst und Aussendepartement offiziell nichts mit seinen geheimen Nebentätigkeiten zu tun haben wollen, sagt Roth. «Versichert war ich dafür nicht, ein Auffliegen hätte für mich auch finanziell desaströs geendet, während die Behörden wohl schadlos geblieben wären.»

Das Aussendepartement (EDA) widerspricht den Aussagen Roths. Es gebe keine Hinweise auf geheimdienstliche Tätigkeiten von Mitgliedern des Katastrophenhilfekorps in den 1980er- und 1990er-Jahren. «In diesem Zeitraum war es den Angehörigen des Korps überdies verboten, Beiträge zu nachrichtendienstlichen Aktivitäten zu leisten», betont das EDA.

Offiziell habe es ihn weder als Armeehauptmann noch als Mitarbeiter des Geheimdienstes jemals gegeben, gibt Roth zu bedenken. Ein Oberst des Nachrichtendienstes, der Einblick in die Akten der Agenten hat, will wissen, dass über Roth ein Dossier existiert, das allerdings versiegelt und verschlossen sei: «Jemand sehr weit oben muss das veranlasst haben.»

Wie er hätten zahlreiche Angehörige des Schweizerischen Katastrophenhilfekorps unterschiedliche Interessen bedient, sagt Roth. Die Auserkorenen seien jeweils in wechselnden Gruppen zu rund zwei Dutzend Leuten auf die Aufgaben vorbereitet worden. Nur flüchtig habe er die anderen gekannt. Nach jeder Rückkehr von einer Reise habe er dem Verbindungsoffizier, der ihm den Auftrag erteilt hatte, einen Bericht abliefern müssen. Involviert gewesen seien Mitarbeiter des Militärdepartements und des EDA; vielfach waren laut Roths Schilderungen die Schweizer Botschaften im Ausland ebenfalls rege an der Informationsbeschaffung beteiligt.

Für den international anerkannten deutschen Geheimdienstexperten Erich Schmidt-Eenboom ist es nicht aussergewöhnlich, dass Hilfseinsätze mit nachrichtendienstlicher Tätigkeit einhergingen. «Das war und ist üblich, wird aber verheimlicht.» Kein Staat gestehe solche Praktiken ein, weil sie verpönt seien. «Wenn Helfer gleichzeitig Informationen beschaffen und der Spionagevorwurf laut wird, ist das äusserst heikel.» Dennoch sprächen Nachrichtendienste bei der Auswahl der Leute, die in Krisengebiete entsandt würden, seit je mit. Die Geheimdienste definierten Aufgaben und suchten nach Agenten, die fähig seien, diese zu lösen. «Helfer haben Zugang zu Schlüsselstellen und sind deshalb einflussreich», hält Schmidt-Eenboom fest. Deshalb werde das System der humanitären Hilfe wiederholt unterlaufen. Die Organisation solcher Missionen obliege in den meisten Ländern dem Aussendepartement. Die Nachrichtendienste delegierten das Personal, ihre Führungsoffiziere legten den Auftrag fest. Häufig gebe es Gegengeschäfte mit anderen Ländern, die an den gleichen Informationen interessiert seien. «Diese werden rege ausgetauscht», sagt Schmidt-Eenboom. Für die Agenten sei es wichtig, dass ihr Land an der Einsatzdestination eine Botschaft habe. «Diese gewährt ihnen konsularischen Schutz, wenn es brenzlig wird.»

Um nachrichtendienstliche Aufgaben übernehmen zu können, habe Melchior Roth einst ein Assessment bestehen müssen. Zur gleichen Zeit wie zwei andere Kandidaten sei er von einem Psychologen getestet worden. Dieser habe laut Roth etwa geprüft, ob die Bewerber ihrer ihnen anvertrauten Aufgabe gewachsen wären und ob sie unter einem Codenamen mit falscher Identität glaubwürdig und natürlich aufzutreten wussten. «Es ist gar nicht einfach, sich so in eine Rolle hineinzuversetzen», betont Roth. Man habe sich dafür enorm viele Namen, Daten und Zahlen merken müssen. Das habe er damals gut beherrscht, weshalb er das Ausscheidungsprozedere bestanden habe und vom Geheimdienst mit Aufträgen betraut worden sei.

Melchior Roth gibt an, aus der Kasse des Bundes für das diplomatische Korps bezahlt worden zu sein; ausser seinem Lohn, den er auf ein Konto überwiesen bekam, seien ihm jeweils sogenannte Vertrauensspesen in bar entrichtet worden. Mit diesem Geld habe er seine Ausgaben im Ausland bestritten, hin und wieder einen Beamten geschmiert oder sich Einlass in eine gesperrte Zone erkauft.

Jugendfreund Heinz Junker kennt viele der abenteuerlichen Geschichten Roths. Er meint, dass dieser offensichtlich wiederholt auf Schutzengel und Verhandlungsgeschick habe zählen können. «Jedenfalls ist nie etwas vorgefallen, bei dem er den ‹Grind› hinhalten musste.»

# Togo

Als Helfer habe er Material nach Togo gebracht, im Auftrag der UNO. Einen VW-Bund und ein Feuerwehrauto transportierte er in das westafrikanische Land. Diesen Auftrag verband Roth mit einem Besuch bei einem Schweizer, der dort ein Hotel führte. Über den Bekannten sei die Materiallieferung im Jahr 1996 auch organisiert worden. Die Güter verteilte Roth laut eigenen Angaben selbst. Er hatte auch alte Kampfanzüge der Schweizer Armee mitgenommen, die er in Togo abgab. Stets hatte der Händler in grosser Zahl ausrangierte Uniformen auf Lager.

Am Flughafen hatte er sich noch erklären müssen, weil die Beamten den Import des Militärmaterials zuerst unterbunden hatten. Die Armee in der Grenzregion sei jedoch über die Lieferung orientiert gewesen und habe diese am Flughafen «losgeeist».

Mit den Kämpfern kleidete Roth in Togo Sicherheitskräfte ein. Zudem hatte er auch nicht mehr benötigte rote Polizeistablampen aus der Schweiz eingeführt. Er instruierte die Soldaten auf den Posten, wie man einen Checkpoint mit Wachen errichtet, denn damals befand sich Togo in einem dauernden Grenzkonflikt mit dem Nachbarn Ghana. Um das eigene Territorium zu schützen, ohne gewalttätige Auseinandersetzungen zu provozieren, habe er einer Gruppe gezeigt, wie Personen- und Güterkontrollen am besten zu organisieren seien.

Im Zusammenhang mit einem Materialexport nach Togo bekam es Melchior Roth auch mit der Bundespolizei zu tun. Diese kreuzte eines Tages bei ihm zu Hause in Bützberg in der

| Anzahl | |
|---|---|
| **27** | **Handgranate 43,**<br>**18 Splittermäntel beigepackt**<br>HG 43+Spl Mantel<br>**Grenade à main 43,**<br>**18 manchons brisants dans l'emballage**<br>Gren main 43+manchon brisant<br>**Granata a mano 43,**<br>**18 manicotti dirompenti nell'imballaggio**<br>Gran mano 43+manico dirom |
| Nombre<br>Numero | |

# 591-3436

| Brutto kg | Fabrikationsdaten: | Données de fabr: | Dati di fabbr: |
|---|---|---|---|
| **42** | 830-71 A | | |

**Vor Gebrauch**
**Kunststoff-Zwischenstück**
**entfernen, Stiel einschrauben.**

---

**Avant l'emploi, enlever la pièce**
**en plastic puis visser le manche.**

---

**Prima dell'impiego togliere il**
**pezzo di plastica protettore,**
**poi avvitare il manico.**

Nähe von Langenthal auf – nicht zum ersten und nicht zum letzten Mal.

Der Händler Roth wollte in einem plombierten 40-Fuss-Container Kleinteile nach Afrika liefern: Schrauben, Nägel, und kistenweise Schnürsenkel. Diese hatte die Armee für Ordonnanzschuhe vorrätig, brauchte die Bänder aber nicht mehr. Ein Lastwagen brachte den Container nach Antwerpen, wo er auf ein Schiff verladen wurde. Auf der Ladeliste der Fracht habe er angegeben, es handle sich um Militärmaterial, erzählt Absender Roth. «Das machte die Zöllner am Hafen stutzig, und sie öffneten die Ladung.» Sie seien auf Dutzende von Munitionskisten der Schweizer Armee gestossen.

Laut Roth hatte der Zeughausmitarbeiter die Schildchen mit den Beschriftungen nicht entfernt, als er ihm die Behälter verkauft hatte. Er selbst habe dann das Kleinmaterial für Togo mit Kollegen in die Munitionskisten verpackt, ohne die Metallplättchen abzunehmen, erzählt Roth. So lasen die Hafenarbeiter in Antwerpen darauf: «Handgranate 43, 18 Splittermäntel beigepackt».

Der Container wurde blockiert, und die Sicherheitsleute erkundigten sich in der Schweiz, ob Händler Roth eine Ausfuhrbewilligung für Kriegsmaterial besitze. «Unmöglich», habe es in Bern geheissen, und unverzüglich sei ein Auto nach Antwerpen losgefahren. Roth hat vom Polizeiposten Langenthal die Anweisung erhalten, sein Haus nicht zu verlassen. Mit Blaulicht sei ein Streifenwagen bei ihm in Bützberg vorgefahren. Eine halbe Stunde später trafen Beamte der Bundespolizei ein.

Ganz «süferli» hätten sie ihn zu befragen begonnen. «Wovon leben Sie eigentlich?» «Was verkaufen Sie so?» Und: «Wohin exportieren Sie Material?», hätten die Polizisten wissen wollen. Er habe geantwortet, er handle mit ausrangierten Armeegütern, sagt Roth. «Deshalb kommen wir. Was versenden

Sie von Antwerpen nach Afrika?», seien die Beamten endlich konkret geworden. Wahrheitsgetreu habe er zur Auskunft gegeben, er schicke einem ausgewanderten Schweizer Geschäftsmann in Togo Schrauben, Nägel, Seile und Ketten für Autoreparaturen. Diese Angaben liessen die Polizisten in Antwerpen überprüfen, und Roth kam mit einem Rüffel davon. Ausser, dass er die Beschriftungsschildchen nicht von den Munitionskisten abgeschraubt hatte, war ihm nichts anzulasten.

# Angola

Ein vernichtendes Zeugnis stellt Melchior Roth heute der Angolamission des Schweizerischen Katastrophenhilfekorps von 2001 aus. Desaströs sei die Aktion verlaufen. «Wir waren heillos überfordert und chancenlos», sagt Roth. Zusammen mit Delegationen der UNO und der internationalen Organisation für wirtschaftliche Zusammenarbeit und Entwicklung (OECD) wurden Schweizer Helfer im afrikanischen Bürgerkriegsland für die Minenräumung eingesetzt. Roth war mit der Aufgabe betraut, als Chauffeur Tropenarzt S. in Angola herumzufahren. Doch dieser erkrankte an Malaria, weshalb Roth Leitungsfunktionen übernehmen musste. «Brücken, Strassen und Felder waren vermint, wir konnten mit unseren Mitteln und unseren Fähigkeiten nichts ausrichten», sagt Roth. Zudem tobte in Angola nach wie vor der Krieg zwischen den Rebellen um Jonas Savimbi und der Regierung. Der Einsatz des Katastrophenhilfekorps dauerte rund vier Wochen – mit einem Unterbruch.

Während er keine Medikamente gegen Malaria eingenommen habe, sei ausgerechnet der Tropenarzt infiziert worden, sagt Roth. Die Teilnehmer von Delegationen, die in Risikogebiete reisten, waren im Vorfeld stets mit Informationsblättern über Tropenkrankheiten versorgt worden und hatten sich für eine von drei Malariaprophylaxemethoden entscheiden können: für die vorsorgliche Einnahme von Tabletten, für die Selbstbehandlung bei Auftreten einer Erkrankung oder für den Schutz vor Stechmücken. Dieser sollte durch das Benutzen von Spray sowie das Tragen von langen Leibchen und Hosen gewährleistet werden.

Die Erkrankung des Arztes habe die ohnehin desorganisierte Hilfsgruppe zusätzlich durcheinandergebracht, sagt Roth. In Afrika sei der Tropenmediziner häufig Teil von Schweizer Delegationen gewesen. Weil dieser in seiner Funktion unverdächtig gewesen sei, habe man S. wiederholt mit geheimdienstlichen Aufträgen betraut, etwa mit der Beschaffung politischer Informationen. «Manchmal gehörte der Tropenarzt eher aus diesem Grund einer Gruppe an, als weil es für die medizinische Betreuung notwendig gewesen wäre», behauptet Roth. Er habe mit S. auch privat Kontakt gehabt, was die Vorgesetzten in Bern gar nicht gerne gesehen hätten. «Man wollte nicht, dass sich Mitglieder von Delegationen zu Hause austauschten.» Deshalb sei deren Zusammensetzung möglichst oft verändert worden.

Aus dem Schweizer Hilfseinsatz in Angola zogen private Händler aus der Zentralschweiz und im Mittelland grossen Profit. Sie lieferten in riesigen Mengen ausrangiertes Schweizer Armeematerial für die Minenräumung nach Angola. Roth sagt, er habe keine solchen Ausfuhren abgewickelt, zum Teil hätten über seine Kontakte in Afrika aber andere Händler ihre Exporte eingefädelt. Dies habe schon vor dem Einsatz des Katastrophenhilfekorps in Angola angefangen. Er selbst habe aus seiner Zeit in Togo auf Verbindungen zu Gewährsleuten auf dem ganzen Kontinent zugreifen können.

Ohne sein Zutun – so betont Roth – verkaufte ein Luzerner Händler Anfang des Jahres 2000 Hunderte von Fahrzeugen, die von der Schweizer Armee liquidiert worden waren, an die angolanische Beschaffungsbehörde, die Casa Militar. 1000 Unimog 4 x 4, 400 Henschel 6 x 6, 250 Steyr 4 x 4, 600 Saurer 4 x 4 sowie 440 Pinzgauer für brutto über 8 Millionen Franken konnte der Geschäftsmann damals innerhalb von vier Monaten veräussern. Er tat dies über einen Zwischenhändler in der Slowakei, der in der Bürgerkriegsregion als wichtiger Waffenlieferant tätig war. Angola hatte einen Vertrag mit der Slowakei: Gegen den Bezug von Waffen stellte das afrikanische Land dem osteuropäischen Öl zur Verfügung.

Die 2001 vollzogenen Exporte von Militärfahrzeugen aus der Schweiz nach Angola wurden 2004 publik und sorgten für Kritik. Auch deshalb, weil zwei Bundesangestellte das ausgemusterte Material dem Luzerner Geschäftsmann und anderen Händlern verkauft hatten, wofür die Berner Beamten vom angolanischen Militär angeblich mit einer Kommission belohnt wurden. So jedenfalls lässt es ein Begleitdokument zum Deal vermuten. Bekannt ist auch, dass eine angolanische Delegation 1999 bei einem Besuch in der Schweiz versucht hatte, direkt alte Armeeautos zu erstehen.

Melchior Roth sagt, er habe sich damals in Angola gewundert, dass gewisse Fahrzeuge inklusive der daran angebrachten Vorrichtungen für Waffen geliefert worden seien. «Gemäss dem Kriegsmaterialgesetz wäre das nicht zulässig gewesen. Ich frage mich, wie dieser Transport durch den Zoll aus der Schweiz hinausgelangen konnte.» Er habe die exportierten Armeefahrzeuge in Angola fotografiert, sagt Roth. Doch er kann die Bilder nicht mehr vorzeigen: «Sie wurden mir später in Bern abgenommen, als man davon erfuhr.»

ARRIVALS INFORMATION
SA LANDED
SA LANDED
SA LANDED
SA LANDED
SA LANDED
PARMALAT SA LANDED
RADISSON SA LANDED
MERRILL LYNCH SA LANDED
SIEMENS SA LANDED
VIRGIN SA LANDED
TRADE & INVESTMENT
SOUTH AFRICA
THE OFFICIAL TRADE & INVESTMENT PROMOTION AGENCY OF THE DEPARTMENT OF TRADE & INDUSTRY
CORPCOM Airport Advertising
please collect all baggage before proceeding to domestic departures
These premises protected by closed circuit television.

# Südafrika

Der Einsatz einer Delegation des Schweizerischen Katastrophenhilfekorps in Angola nahm in mancherlei Hinsicht einen unglücklichen Verlauf. Zur Malariaerkrankung des Tropenarztes und zur unlösbaren Aufgabe, die verminten Gebiete zugänglich zu machen, kam hinzu, dass sich die politische Lage zuspitzte und die Regierungs- und Rebellentruppen sich erneut bekämpften. Deshalb wurden die Schweizer Helfer inmitten ihrer Mission nach Südafrika beordert und dort in Sicherheit gebracht. Dank ihrer Diplomatenpässe seien die Mitglieder der Gruppe heimlich, ohne auf der Passagierliste aufgeführt zu sein, mit einer Linienmaschine ausgeflogen worden, erzählt Roth. Man habe nur gewusst, dass Schweizer unterwegs seien, aber keine Rückschlüsse auf ihre Identität ziehen können. «Auch in Fällen wie diesem wurde jeweils mit Codenamen operiert.»

Die Helfer waren nicht ohne Instruktionen aus Bern von Angola nach Südafrika delegiert worden. Sie seien angewiesen worden, sich dort ein Bild von der politischen und gesellschaftlichen Situation zu machen, sagt Roth. «Wir sollten Informationen beschaffen, inwieweit die Apartheid in der Realität überwunden war.» Die Präsidenten Frederik Willem de Klerk und Nelson Mandela hatten ab Anfang der 1990er-Jahre die Politik der Rassentrennung ein Ende gesetzt.

Zurückliegende Aktivitäten des Schweizer Geheimdienstes in Südafrika wurden in den 1990er-Jahren, als man sie publik machte, zu einem Politikum. Bereits in der Zeit der Apartheid, zwischen 1983 und 1988, hatte Peter Regli als damaliger Chef des Fliegernachrichtendienstes einen geheimen Pilotenaustausch mit Südafrika organisiert. Angeordnet hatte diese Kooperation Luftwaffenchef Arthur Moll. Diese Zusammenarbeit erinnert daran, dass die Schweiz Jahre zuvor eine ähnliche Pilotenschulung mit Israel durchgeführt hatte, wie der einstige Armeechef Christophe Keckeis erzählte.

Die Öffentlichkeit reagierte empört, als bekannt wurde, dass die Geheimdienste Südafrikas und der Schweiz 1986 vereinbart hatten, sich gegenseitig das Wissen über chemische Waffen zur Verfügung zu stellen. 1988 kam es deshalb sogar zu einem Treffen des südafrikanischen Programms für biologische und chemische Waffen mit Vertretern des AC-Labors in Spiez.

Die Geschäftsprüfungsdelegation des Parlaments kam 1993 zum Schluss, dass der Pilotenaustausch mit Südafrika einem militärischen Bedürfnis entsprochen habe und weder völkerrechtlich noch neutralitätspolitisch zu beanstanden sei. Vier Jahre später befasste sich die Delegation der Räte erneut mit Kontakten zwischen den beiden Nachrichtendiensten, sah aber keinen Handlungsbedarf. Dem Vorwurf, der 1991 zum Chef beförderte Peter Regli sei am südafrikanischen Programm für biologische und chemische Waffen beteiligt gewesen, widersprach die Geschäftsprüfungsdelegation in einem Bericht von 1999. Trotzdem schickte der Bundesrat Nachrichtendienstchef Regli im Jahr 2000 vorzeitig in den Ruhestand. Ende 2001 ordnete der damalige Verteidigungsminister Samuel Schmid dann noch eine Administrativuntersuchung über die Verbindungen Reglis zu Südafrika an. Deren Fazit war ein Jahr später: Der Verfasser – Rechtsprofessor Rainer Schweizer – kritisierte zwar die geheimdienstlichen Kontakte zwischen den beiden Ländern, Menschenrechtsverletzungen lastete er Regli aber nicht an.

Dieser wollte sich nicht dazu äussern, ob er während seiner langjährigen Tätigkeit im Nachrichtendienst von Melchior Roths Einsätzen erfahren und ob er je mit ihm zu tun gehabt hatte. Auch die damaligen Praktiken zur Informationsbeschaffung erläuterte Regli nicht: Es gehöre zum Wesen der Geheimdienste, dass ihre Arbeitsweise geheim bleibe. «Aus Prinzip halte ich mich an diese Devise, auch wenn die nun diskutierten Aktivitäten schon viele Jahre zurückliegen.»

Die Aufarbeitung der früheren Beziehungen zwischen der Schweiz und Südafrika war im Frühling 2001 noch nicht abgeschlossen, als die Delegation des Katastrophenhilfekorps in Angola mit Melchior Roth in ihren Reihen von Luanda nach Johannesburg ausgeflogen wurde. «Es war vor dem Hintergrund der früheren Kooperationen kein Zufall, dass wir nach Südafrika geschickt wurden», sagt Roth. Bereits nach wenigen Tagen konnte die Gruppe wieder nach Angola zurückkehren, denn die dortigen Unruhen hatten sich gelegt. Weil die Schweizer den reservierten Flug verpassten, mussten sie laut Roth auf einen anderen ausweichen. «Damit war es vorbei mit dem anonymen Reisen, denn wir wurden auf die Passagierliste gesetzt.» Das sei im Aussendepartement mit Missfallen beobachtet worden, erinnert sich Roth. «Vom kurzen Aufenthalt in Südafrika hätte es keine Spuren geben sollen.»

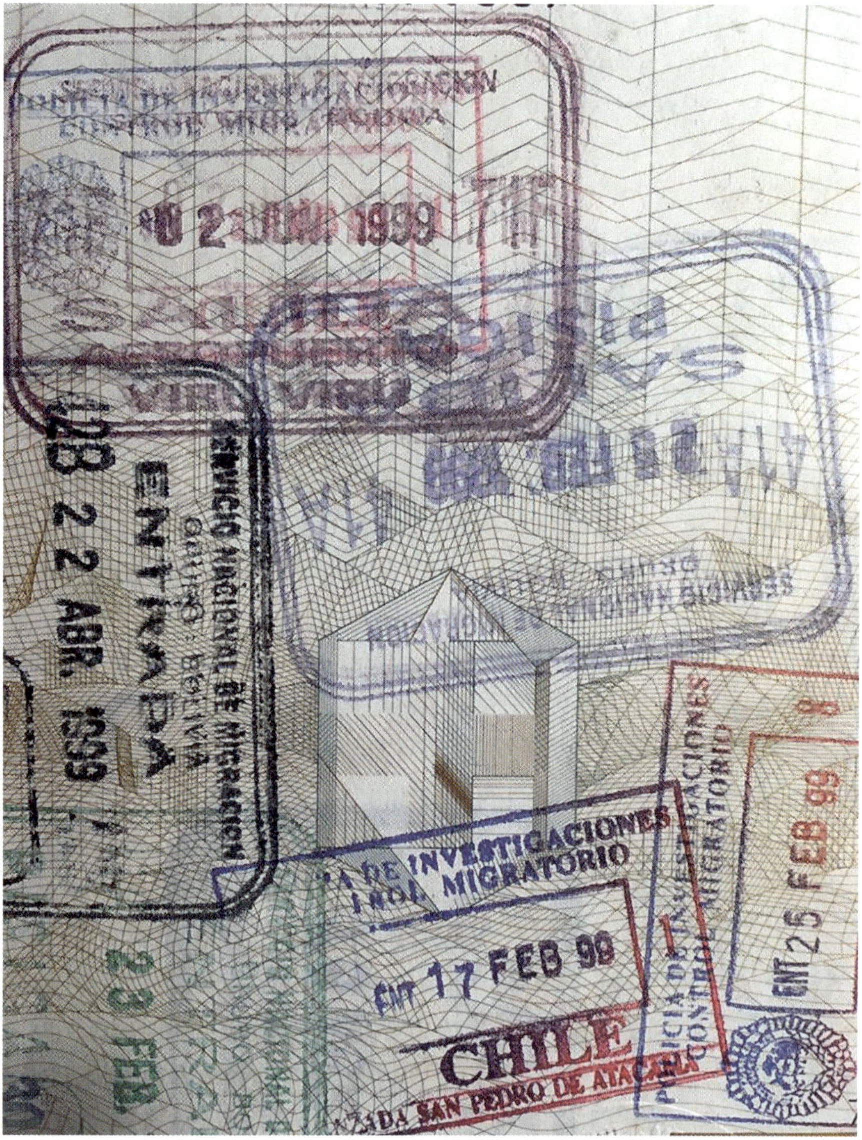
INVESTIGACIONES
MIGRATORIO
ENT 17 FEB 99
CHILE
SAN PEDRO DE ATACAMA
ENTRADA
22 ABR. 1999
ENT 25 FEB 99

# Chile

Immer wieder ist Melchior Roth auch in privater Mission gereist. So zum Beispiel 1999 in Chile, als er als Händler unterwegs war. Damals mischte er, wie bei seinen Exporten nach Togo und Angola, beim Verkauf von ausrangiertem Schweizer Armeematerial mit, das in die ganze Welt veräussert wurde. In einem Fall vermittelte er einem Geschäftspartner alte Unimog-Fahrzeuge, die dieser nach Chile ausführte. Direkt will Roth allerdings nicht an der Aktion beteiligt gewesen sein.

Unter der Hand erhielt der Kollege laut Roth die Wagen zu einem Preis weit unter dem Marktwert. Er selbst sei damals informiert worden, dass die Unimogs ausgemustert würden, und habe den interessierten Händler auf die Gelegenheit aufmerksam gemacht. «Ich wusste auch, welche Ersatzteile man noch benötigte und worauf man achten musste», sagt Roth. Dank seiner Beziehungen in den Armee-Motorfahrzeug-Park Othmarsingen im Kanton Aargau habe er stets frühzeitig erfahren, wenn Fahrzeuge ausrangiert worden seien. So habe er dem Geschäftspartner die Unimogs zuhalten können. Als Gegenleistung habe ihm dieser manchmal Kunden geschickt.

Das Chile-Geschäft habe «ein Riesentheater» verursacht, berichtet Roth. Weil sein Kollege die acht erstandenen Unimogs nicht entmilitarisiert habe, hätten die chilenischen Zollbehörden die Einfuhr der Fahrzeuge verhindert. Der Schweizer Händler habe die Wagen für den Gebrauch in der Landwirtschaft verkauft, doch das Militär habe die Unimogs für sich reklamiert. Ohne dafür zu bezahlen. Mit Ach und Krach sei es dem Kollegen gelungen, zwei Fahrzeuge für sich zu behalten und auf seinen Landsitz nach Paraguay zu bringen. Auch dort habe es bei der Einreise allerdings ein «Gstürm» gegeben, nachdem Chauffeure mit den Unimogs ganz Chile durchquert hatten. Irgendwie gelangten die Schweizer Militärfahrzeuge dann aber doch nach Paraguay.

# Brasilien

Eine abenteuerlich-rätselhafte Geschichte erzählt Melchior Roth im Zusammenhang mit einem Aufenthalt in Brasilien im Jahr 1993. Damals flog er nach Salvador und reiste von dort weiter nach Manaus, um am dreiwöchigen Antiterrorkurs einer Polizeieinheit teilzunehmen. Im Rahmen eines Austauschs hätten die Brasilianer der Kantonspolizei Bern diesen Lehrgang angeboten, sagt Roth. Weil die Ausschreibung dort wenig Echo gefunden habe, sei er dank seinen guten Beziehungen zum Korps und dank früheren Übungseinsätzen für die Sondereinheit Enzian angefragt worden, unentgeltlich dabei zu sein. Roth packte die Gelegenheit beim Schopf und nahm die Einladung an. Im Nachhinein habe es dann noch böses Blut gegeben, weil er als Externer nach Brasilien delegiert worden sei, sagt Roth. Einige Polizeioffiziere hätten sich übergangen gefühlt, obwohl sie zuvor kein Interesse an der Weiterbildung angemeldet hätten.

Zusammen mit einem Berner Kantonspolizisten absolvierte Roth den Kurs – mit Teilnehmern aus der ganzen Welt. Einer der Namen auf der Teilnehmerliste: Osama bin Mohammed bin Awad bin Laden. Unter seinem vollen, richtigen Namen habe Osama bin Laden den Kurs mit ihm absolviert, behauptet Roth. Wer er war, sei ihm erst Jahre später klar geworden, als die ganze Welt den Terroristen Osama bin Laden kennenlernt habe. Roth legt Fotos vor, auf denen ein grosser, bärtiger Mann neben ihm posiert – durchaus mit Ähnlichkeiten zu jenem Osama bin Laden, der die Anschläge vom 11. September 2001 auf das World Trade Center in New York geplant und als Anführer

der Terrorgruppe Al-Qaida die Welt lange Jahre in Schrecken versetzt hatte.

Dass dieser Osama bin Laden 1993 bei einem Antiterrorkurs in Brasilien aufgetaucht sein soll, bezweifeln Experten, wenn sie Bilder von damals betrachten, die Roth mit dem mutmasslichen Osama bin Laden zeigen sollen. Ein renommiertes Schweizer Forensikerteam, das auf derartige Analysen spezialisiert ist, hält zusammenfassend fest: «Wir haben die Bilder geprüft und kommen zum Schluss, dass es sich aufgrund der Form der Nasenwurzel und der Form der Ohrläppchen bei der analysierten Person ‹höchstwahrscheinlich nicht› um Osama bin Laden handelt. Dies natürlich unter dem Vorbehalt, dass sich die Person keiner kosmetischen Operation unterzogen hat.»

Angefragte Spezialisten in Deutschland kommen zu demselben Schluss. Auch sie argumentieren vor allem damit, dass die Ohren nicht auf die Person Osama bin Ladens deuteten, die man von den im Internet auffindbaren Fotos von ihm kenne.

Unbeantwortet bleibt die Frage, was es mit dem Doppelgänger des Terroristen auf sich hat und warum er sich unter dessen Namen am Terrorabwehrkurs in Brasilien eingeschrieben haben sollte. Roth ist auch heute noch felsenfest überzeugt, dass er mit dem «richtigen» Osama bin Laden in Brasilien geweilt hatte. Seine Begründung dafür, dass dessen Anwesenheit nie publik wurde: «Für die Polizeibehörden und Geheimdienste wäre das Eingeständnis, dass Osama bin Laden einen Kurs gegen Terrorangriffe besuchen konnte, zu peinlich.»

Roth verweist darauf, dass sich Osama bin Laden erwiesenermassen einst in Brasilien aufgehalten hatte. Nach den Anschlägen in den USA wurde bekannte, dass der Terrorist Jahre zuvor in Brasilien gewesen war. So hatte er laut Medienberichten 1995 dort geweilt. Eingereist war er aus Argentinien. Osama

bin Laden hatte auch Paraguay besucht; zudem hatte der US-Auslandsgeheimdienst CIA bereits 1994 nach in Südamerika agierenden Terrorzellen im Umfeld Osama bin Ladens gefahndet, wie es in einem Artikel des brasilianischen Magazins *Veja* aus dem Jahr 2003 heisst.

Der CIA äusserte sich nicht dazu, ob der Al-Qaida-Anführer schon ein Jahr zuvor in Brasilien gewesen sein könnte. Der Geheimdienst beantwortete die schriftlich gestellte Anfrage nicht. Er machte ebenso keine Angaben dazu, wer der mit dem Namen Osama bin Laden auftretende bärtige Mann auf Roths Fotos vom Antiterrorkurs sein könnte.

In Brasilien erfuhr Osama bin Laden in gewissen Kreisen kultähnliche Bewunderung. Nachdem er am 2. Mai 2011 von US-Soldaten nach jahrelanger Suche in Pakistan erschossen wurde, gab es sogar Geschäftsleute, die mit Osama bin Ladens Namen und dessen einstiger Verbindung zu Brasilien Geld machen wollten. Eine Osama-bin-Laden-Bar etwa sorgte 2016 bei den Olympischen Spielen in Rio international für Schlagzeilen.

Melchior Roth sagt, damals im Kurs in Manaus habe Osama bin Laden Helikopterflüge organisiert und andere Teilnehmer unentgeltlich mitgenommen. Damit vor allem sei der Kollege – neben seiner Statur – aufgefallen, und man habe sich gefragt, woher er das Geld habe. Roth behauptet, den Terrorabwehrkurs im Jahr 1993 hätten zu wesentlichen Teilen die US-amerikanische Bundespolizei FBI und der CIA finanziert, was Osama bin Ladens Anwesenheit für diese besonders blamabel mache.

# Sri Lanka

«Das Anstellungsverhältnis dauert vom 9. Mai 1989 für vier Monate», ist zu lesen im damaligen Vertrag des Schweizerischen Katastrophenhilfekorps mit Melchior Roth, Bürger von Signau, Bern. «Wir bestätigen Ihnen Ihre Anstellung in der Eigenschaft als Baufachmann.» Unter Salär und Leistungen des Korps steht: «ab Einsatztag pro Monat Fr. 4500 brutto». Dazu kamen als Abgeltung «in natura» die Unterkunft und ein Taggeld in der Höhe von 50 Franken in Lokalwährung, ausbezahlt durch die Schweizer Botschaft in Colombo.

Für die Lohnüberweisungen sandte Roths Ehefrau Edith dem Katastrophenhilfekorps am 9. Mai 1989, dem Tag von dessen Abreise, Einzahlungsscheine und den AHV-Ausweis ihres Mannes. Zudem stellte sie die Gelbfieberimpfung für ihn sowie einen Einkauf im «Cash+Carry-Markt» in Langenthal in Rechnung: Auf Wunsch seiner Vorgesetzten hatte Roth laut ihrem Begleittext Emmentaler und Greyerzer sowie Salami, Senf, Aromat und einen Dosenöffner nach Sri Lanka mitgenommen.

Anfang Mai 1989 war Melchior Roth nach Sri Lanka gereist. Als Angehöriger des Katastrophenhilfekorps half er mit, in Mannar, im Norden des Landes, ein Basisspital mit 150 Betten zu sanieren. Das EDA hatte Roth am 26. April 1989 für die Mission einen Sonderpass ausgestellt. Damit konnte der Inhaber bei der Einreise frei und ungehindert den Zoll passieren. Gleichzeitig sollte der Träger des Passes Hilfe und Schutz erhalten, falls er sich an lokale Behörden wandte. Im Pflichtenheft des Aussendepartements für Roth ist die damalige Ausgangslage umschrieben: «Seit 1983 sind etwa 200 000 Tamilen wegen der internen Wirren geflohen. Die Rückkehr in ihre Heimat hat seit 1988 begonnen. 42 000 sind wieder zurückgekehrt. Ihre Dörfer sind zerstört, die Infrastruktur stark beschädigt. Spitäler sind ausser Betrieb, Personal fehlt.»

Roths Aufgabe war es, beim Spitalaufbau in Mannar die Bauunternehmen zu überwachen, was die Kosten betraf, mit den Fachleuten des Ministeriums zusammenzuarbeiten sowie den Fortschritt der Arbeiten zu kontrollieren.

Im April 1989 war Roth «unter Vorbehalt des Ergebnisses der ärztlichen Eintrittsuntersuchung» ins Schweizerische Katastrophenhilfekorps aufgenommen worden, als Mitglied der Fachgruppe Bau. Dafür hatte er sich bewerben müssen, die Unterlagen hatte Roth bereits ein Jahr zuvor bestellt. Um für Hilfseinsätze berücksichtigt zu werden, hatte der Interessent bereits Jahre früher einen Hundeführerkurs absolviert und einen Lehrgang in Kriegsvölkerrecht besucht.

In Sri Lanka reiste der Helfer viel umher, obwohl er eigentlich die Baustelle in Mannar zu betreuen gehabt hätte. Auf der Schweizer Botschaft in Colombo – damals von Henry Cuennet geführt – ging Roth ein und aus. Regelmässig habe er Informationen nach Bern per Telefon oder Funk übermittelt. Mit dem Erkennungsruf «Hotel – Bravo – Sierra – Delta – Romeo» habe er sich gemeldet; «Sierra – Delta – Romeo» stand – mit den Anfangsbuchstaben – für Swiss Desaster Relief, die englische Bezeichnung fürs Schweizerische Katastrophenhilfekorps. Hotel Bravo war – mit H und B – das Erkennungszeichen für die Schweiz. Man habe von ihm jeweils nach einem genauen Fragekatalog Auskunft erbeten. Die Bundesbeamten in Bern wollten Details zu den Lebensumständen in Sri Lanka wissen, zum Beispiel erkundigten sie sich nach der Farbe der Taxis in verschiedenen Städten. Diese Informationen dienten im Vorinternet-Zeitalter dazu, die in die Schweiz geflüchteten

UNHCR
MANNAR
ஐக்கியநாடுகள் அகதிகள் உயர்ஸ்தானிகர்

Asylbewerber gezielt zu befragen und herauszufinden, ob ihre Angaben zur Herkunft zutrafen. Zudem wollten sich die EDA-Angestellten und weitere Mithörer in Bern ein Bild über die politische Lage in Sri Lanka machen, vor allem über die Aktivitäten der militanten Tamilengruppierungen.

Eine Liste über solche Organisationen war bereits einem vertraulichen Bericht beigelegt, den eine Delegation im Juni 1988 nach einer sogenannten Rekognoszierungsmission erstellt hatte. Diese hatte zum Ziel, mögliche Hilfsprojekte in vom Bürgerkrieg betroffenen Gebieten – darunter die Spitalsanierung in Mannar – zu evaluieren. Die Situation habe sich noch nicht so beruhigt und normalisiert, dass mit einem völlig ungestörten Ablauf von Hilfs- und Wiederaufbauaktionen sowie von Programmen der Entwicklungszusammenarbeit gerechnet werden könne, stellte die Delegation fest. Das Land mit damals 16 Millionen Einwohnern bestand zu 75 Prozent aus Singhalesen, grossenteils buddhistischen Glaubens, und zu 18 Prozent aus Tamilen, meist Hindus. Die übrige Bevölkerung gehörte zu kleinen ethnischen Gruppen.

Wo auch immer Melchior Roth unterwegs war: Er knüpfte stets schnell Kontakte. In Sri Lanka tauschte er sich nach eigenen Angaben regelmässig mit Vertretern der UNO aus. Beispielsweise über das Verhalten der Posten an den Checkpoints, wie der Schweizer Helfer in seinem Schlussbericht von Anfang August 1989 schreibt. «Die Zusammenarbeit mit den anderen Organisationen war sehr gut. Wöchentlich fand an einem Abend ein Treffen statt, an welchem über die politische und militärische Lage diskutiert wurde», führte Roth aus. Und weiter: «Gegenseitig brachte man sich auch die Post aus Colombo, weil jede Woche jemand dorthin fuhr.» Mit dem Spitalprojekt lief es allerdings laut Roths Bericht weniger reibungslos. Die Bauarbeiten seien schwer in Verzug. «Der Grund liegt darin, dass der Unternehmer seine Arbeiter nicht termingerecht entlöhnt.» Die meisten Angestellten seien davongelaufen.

Der Einsatz in Sri Lanka stand am Anfang von einer Reihe von Aufgeboten, die Roth danach in kurzer Folge erhielt. Das lag nicht nur daran, dass er sich in verschiedenen Belangen bewährt hatte, sondern auch an einer politischen Strategie des Bundesrats. Dieser hatte beschlossen, «im Rahmen der Zielsetzungen seiner Aussen- und Sicherheitspolitik die Teilnahme an den friedenserhaltenden Aktionen der UNO und den internationalen Bemühungen zur friedlichen Beilegung der zahlreichen Konflikte, die derzeit ausgetragen werden, auszudehnen. Um dieses Vorhaben zu verwirklichen, haben das Eidgenössische Departement für auswärtige Angelegenheiten und das Eidgenössische Militärdepartement ein Konzept fertiggestellt, das sich auf drei Pfeiler stützt: freiwillige finanzielle Leistungen, Materiallieferungen und das Bereithalten von Personal. Für diesen letzten Punkt sieht das EDA vor, eine Liste mit Namen von Schweizerbürgern aufzustellen, die für zivile Missionen zur Leistung guter Dienste im Ausland verfügbar wären. Mit der Anfertigung eines solchen Registers wird bezweckt, dem Bundesrat zu ermöglichen, allfällige Anfragen wegen Einsätzen schweizerischen Personals rasch zu beantworten.» So steht es in einer sogenannten Informationsnotiz, die Roth im Rahmen seines Einsatzes in Sri Lanka erhalten hatte.

Diese Liste erwies sich als äusserst brisant, denn die darauf figurierenden Personen sollen auch Aufträge zur Informationsbeschaffung vom militärischen Nachrichtendienst erhalten haben. Er und andere Angehörige des Katastrophenhilfekorps seien bei Auslandseinsätzen verschiedentlich mit solchen Aufgaben betraut worden, sagt Roth. Die Zusammensetzung der Helfergruppen habe jeweils gewechselt, mit einigen Kollegen sei er aber mehrmals unterwegs gewesen. Welche Stellen Zugriff auf das Register hatten und wie die Gesandten instruiert wurden, ist nicht durchwegs bekannt. Roth sagt, er habe beispielsweise über Jörg Feigenwinter, seinen Vorgesetzten im Katastrophenhilfekorps, sowie über die Angestellten der Schweizer Botschaften an den jeweiligen Destinationen operiert. «Der militärische Geheimdienst meldete seine Bedürfnisse an, das Aussendepartement rekrutierte das Personal und koordinierte die Aufgaben.»

# Bützberg

Melchior Roth nennt sich selbst «unabhängiger Militärberater». Er agierte von der Bernstrasse 28 in Bützberg aus. Sein Haus und sein Geschäft befanden sich im gleichen Gebäude. Als KTA 761 bezeichnete Roth sein Reich; die Buchstaben stehen für kriegstechnische Abteilung, so hiess früher die Rüstungsbehörde des Bundes. 761 entspricht der früheren Dienstnummer Roths.

Ende 2018 verkaufte Roth seine Liegenschaft, das Haus wurde abgerissen, der neue Eigentümer errichtet derzeit auf dem Grundstück Alterswohnungen. Bis er mit dem Bau beginnen konnte, mussten unzählige Mulden mit Material von Roth entsorgt werden. Aus dem heillosen Chaos auf dem Areal rettete er, was ihm aus seiner Sammlung am wichtigsten war; ausserdem Fotos und Dokumente von einstigen Missionen, die ihm im Durcheinander zufällig in die Hände fielen. Der Vorplatz glich einer Alteisenhalde.

Das Haus veräusserte Roth, weil er nach Kuba auszuwandern plant. Schon lange, doch auch im Frühling 2020 weilte er noch immer in der Schweiz. Nach mehrwöchigen Abstechern kehrte er bisher immer wieder zurück, denn er hatte stets noch viel zu erledigen. In Wolfwil im Kanton Solothurn, an der Milchgasse 2, steigt Roth jeweils in einem baufälligen Haus ab. Dorthin hatte er seine Uniform- und Waffensammlung gebracht, für Schlafen und Essen bleiben ihm nur noch kleine Nischen.

Wenn der bärtige Kauz das «Pöstli» in Langenthal betritt und eine Schale mit kalter Milch bestellt, wandern die Blicke

der Gäste zu ihm. Man grüsst sich murmelnd, mehr nicht. Es gibt nichts zu sagen, auch wenn man sich kennt. Alle wissen, wer der Mann in Uniform ist; manche Geschichten kursieren über ihn und seine KTA 761. Roth, der seit je in der Gegend lebte, war mit den meisten irgendwann in Kontakt gekommen.

Er fällt schon deshalb auf, weil er immer uniformiert unterwegs ist. Das trug ihm den Spitznamen «General» ein. Einst als Jugendlicher «Kommunist» gerufen, kennt man ihn nun als «General». Dieser besitzt unzählige Uniformen; die besonderen – etwa von der französischen Fremdenlegion, von US-amerikanischen Einheiten oder historisch bedeutende – trägt Roth nicht. Bei der Arbeit oder im «Pöstli» ist er meist in irgendeiner alten Schweizer Armeekluft anzutreffen. Auch wenn er diese vor allem mit US-amerikanischen Abzeichen und Aufnähern schmückt, wirkt er wie ein Zeughausmitarbeiter aus vergangenen Zeiten. Der Uniformfetisch hat für den Militärfan auch praktische Gründe: «Ich brauche kaum andere Kleider und habe auch fast keine anderen.»

Mit Sammeln begnügte sich Melchior Roth nicht, er wollte an den militärischen Brennpunkten dabei sein. In jenen Zeiten, in denen er zu Hause war und nicht selbst in Auslandeinsätzen, schaltete er sich über eine eigene Funkanlage zu. Er hörte etwa den Botschaftsfunk ab. Der Bund betrieb bis 2015 ein eigenes Netz, über das die Schweizer Diplomaten vertraulich untereinander und mit der Zentrale in Bern kommunizieren konnten. Ebenso empfing Roth den Polizeifunk und konnte mit Schweizer Hilfsdelegationen im Ausland in Kontakt treten. Auf den privaten Kommandoposten in Bützberg aufmerksam wurde auch die damalige PTT – ein Teil ging später in die Swisscom über, die den Telekommunikationsbereich betraut.

Die PTT-Fernmeldekreisdirektion Olten eröffnete Roth am 18. Mai 1987 in einem Schreiben, er gerate durch den Betrieb der Funkanlagen in Konflikt mit dem Fernmeldegesetz. Eine Woche zuvor hatte ein PTT-Vertreter die Installationen begutachtet, wie aus dem Brief hervorgeht. Roth habe Funkanlagen aus den Beständen der Schweizer und der US-amerikanischen Armee, der NATO sowie von Polizeikorps zusammengetragen. «Diese Sende-Empfangsanlagen erwarben Sie entweder in betriebstauglichem Zustand oder Sie stellten die Funktionstüchtigkeit dieser Geräte selbst wieder her», schreibt der unterzeichnende Sachbearbeiter. Der Grossteil der Funkanlagen sei bei der Inspektion an eine Stromversorgung und eine Antenne angeschlossen gewesen, die meisten hätten funktioniert. Für den Betrieb würde er eine Konzession benötigen. Der Sachbearbeiter kommt jedoch zum Schluss, dass Roth keine Bewilligung erteilt würde, weil er die Voraussetzungen dafür nicht erfülle.

Nicht, dass dieser aufgrund der Intervention seine Anlage nicht mehr benutzt hätte. Jedenfalls sagt Roth selbst, er habe weiter Botschafts- und Polizeifunk abgehört und auf diesem Weg mit Schweizer Katastrophenhelfern im Ausland gesprochen. Indem er Kontakt zu einer Schweizer Delegation in Afrika herstellte, demonstrierte Roth dem Besucher Ende 2018, dass die Anlage nach wie vor funktionstüchtig war.

Mit Roths Eskapaden befasste sich nicht nur die PTT, sogar die Bundesanwaltschaft wurde im Oktober 1996 auf Antrag der Bundespolizei gegen ihn aktiv. In einem gerichtspolizeilichen Ermittlungsverfahren untersuchte die Justiz, ob Roth gegen das Kriegsmaterialgesetz verstossen und illegal Waffen und militärische Güter gekauft und eingeführt hatte. Die damalige Bundesanwältin Carla del Ponte und ihr Stellvertreter Felix Bänziger – er war zuvor Chef der Kriminalpolizei St. Gallen und Staatsanwalt im Kanton Appenzell Ausserrhoden sowie nach seiner Zeit in der Bundesanwaltschaft Oberstaatsanwalt im Kanton Solothurn – liessen am 26. November bei Roth

Heerespolizei

in Bützberg durch die Bundespolizei eine Hausdurchsuchung vornehmen. «Dabei konnten keine Widerhandlungen gegen das Bundesgesetz über das Kriegsmaterial und das Sprengstoffgesetz festgestellt werden», hielt die Bundespolizei im Dezember 1996 fest. Unterschrieben hatte das Dokument Jürg Bühler, der später Vizedirektor des Nachrichtendienstes des Bundes wurde.

Bereits im September 1996 hatte Roth eine Hausdurchsuchung der Kantonspolizei Bern über sich ergehen lassen müssen. Dabei sei festgestellt worden, dass er «diverses Armeematerial besitzt, bei welchem eine unrechtmässige Beschaffung nicht von vornherein ausgeschlossen werden konnte», heisst es in den Akten.

1997 stellte die Bundesanwaltschaft das Verfahren gegen Melchior Roth wegen angeblicher Widerhandlungen gegen das Kriegsmaterialgesetz ein. Doch die Justiz des Kantons Bern ermittelte weiterhin gegen ihn: Amtsanmassung, Hehlerei, Missbrauch von Armeematerial sowie unbefugtes Tragen einer militärischen Uniform wurden ihm vorgeworfen. Dass Roth mehrfach in militärischer Kleidung aufgetreten war, machte die Ermittler stutzig. In einem Protokoll der Kantonspolizei Bern steht, er sei an etlichen militärischen Einsätzen sowohl im Inland als auch im Ausland beteiligt gewesen. «Während des Desert Storms der alliierten Truppen gegen die irakische Armee befand er sich auf dem Luftwaffenstützpunkt Bahrain, und er hat an einer Aktion in Bosnien-Herzegowina teilgenommen.» Im Rahmen dieser Missionen sei es Roth erlaubt gewesen, militärische Uniformen zu tragen, «obwohl der Genannte nie militärdienstpflichtig gewesen war». Hingegen habe er keine Befugnis besessen, sich gegenüber einer Wache der Schweizer Armee als Hauptmann auszugeben und die Soldaten zu befehligen.

Diese Aktenpassage bezieht sich auf eine weitere bizarre Einlage Roths. Er hatte nicht nur – wie 1992 beim Empfang von Colin Powell in Belp – die höchsten Militärs düpiert, sondern trieb auch in Rekrutenschulen sein Unwesen. Beispielsweise in Wangen an der Aare in seiner Nachbarschaft, am Standort der Transport-RS. Dort gab sich Roth am 9. Mai 1996 als Hauptmann aus und verlangte von Rekruten, die sich auf der Wache vor der Gemeindekaserne befanden, ihm einen Lastwagen für einen Transport zu organisieren. Die Rekruten alarmierten die Kantonspolizei, eine aufgebotene Streife der Militärpolizei hielt Roth wenig später an und brachte ihn zum nächsten Stützpunkt nach Oensingen im Kanton Solothurn. Wegen unbefugten Tragens einer militärischen Uniform wurde er angezeigt, und der Fall ans Gericht überwiesen. «Der Angeschuldigte trug einen Tarnanzug der Schweizer Armee. Am Kragen war regelkonform das Gradabzeichen eines Hauptmanns angebracht. Als Kopfbedeckung trug Roth Melchior ein blaues UNO-Béret. Herr Roth Melchior ist der hiesigen Polizei als Armee- und Polizeifan bestens bekannt», steht wörtlich in der Anzeige. Wegen «Amtsanmassung und Fälschung von Ausweisen» musste sich der Angeklagte dann gut zwei Jahre später, im August 1998, einem militärischen Einzelrichter stellen. «Er habe nie ernsthaft irgendeine Befehlsgewalt an sich reissen wollen», verteidigte sich Roth laut einem Bericht der *Berner Zeitung* in der Verhandlung. Die Aktion bezeichnete er als Spass. Der Richter liess denn auch Milde walten, obwohl Roth «sicher die Grenze überschritten habe». Mit der Übernahme der Verfahrenskosten von 1300 Franken sowie zusätzlich den Ausgaben für seinen Anwalt kam der verkleidete Offizier einigermassen glimpflich davon.

Der dreisten Aktion vom Mai 1996, die auf dem Posten der Militärpolizei geendet hatte, folgte zwei Monate später eine weitere. Roth zelebrierte erneut einen Auftritt in Uniform, wieder bei der Transport-RS in Wangen. Als General Williams habe sich Roth vorgestellt und die Sturmgewehrausbildung sowie die Zielübungen eines Korporals mit seiner Gruppe mitgestalten wollen, heisst es im Rapport zum Vorfall. Der unterzeichnende Oberleutnant schrieb, Roth habe eine auffällige Uniform der US-Armee getragen. «General Williams war in seinem Auftreten sehr sicher. Er erzählte von verschiedenen Besuchen bei anderen Armeen.» Als ihm der Korporal das Anliegen, die Ausbildung zu übernehmen, verweigert habe, «fragte Roth nach einem Sturmgewehr, um die Manipulationen selbstständig auszuführen». Der Gast habe bemerkt, so hält der Rapport fest, es sei gegenüber dem Volk nicht vertretbar, in der Armee 95 die Soldaten noch mit dem alten Sturmgewehr 57 auszubilden. «Um 17.45 Uhr meldete er sich ab und fuhr in einem blauen VW-Bus vom Aareplatz», schliesst der Bericht.

Noch unverfrorener agierte Roth bei einem seiner ersten Coups im November 1977. Während eines grossen Manövers des Feldarmeekorps, an dem 18 000 Soldaten und 500 Fahrzeuge beteiligt waren, trickste er die Übungsleitung aus. Am Tag, als ausländische Militärattachés in Aarwangen, wenige Kilometer von seinem Wohnort entfernt, die Truppen besuchten, inszenierte Roth ein eigenes Manöver. Indem er in der Uniform eines US-Sergeants vor den verantwortlichen Schweizer Offizieren auftauchte, täuschte er diese. Sie sahen den Zeitpunkt für gekommen, mit der Vorführung zu beginnen und gaben den Panzerfahrern das Startsignal. Diese defilierten vor Roth. Als dann die geladenen hohen Besucher eintrafen, war die Demonstration bereits vorbei und liess sich nicht wiederholen, weil sich die Panzer nicht mehr rechtzeitig am Ausgangsort formieren liessen. Da sich Roth in einer Uniform der US-Armee als Gast ausgegeben und so die Truppe vor den ausländischen Attachés blamiert hatte, wurde er festgenommen und von der Militärpolizei verhört. Ohne weitere Folgen.

Die *Berner Zeitung* berichtete am 22. November 1977 über den Vorfall. «Ich wollte eigentlich nur einen Plausch machen und einmal testen, ob die Wachen aufpassen», sagte Roth dem Blatt. Er habe vom Manöver über das Radio erfahren, und da habe es ihn gepackt. Kurzentschlossen habe er eine seiner Uniformen angezogen. «In der Eile habe ich sogar vergessen, die verschiedenen Orden und Gradabzeichen aufeinander abzustimmen. Aber es hat's glaub niemand gemerkt», zitierte die Zeitung Roth.

Seit ewigen Zeiten schon ist Hanspeter Aebi mit Melchior Roth bekannt. Ein Jahr jünger und in der Region aufgewachsen, begegnete er Roth regelmässig. Vor allem auch als Bezirkschef der Kantonspolizei Bern in Langenthal, denn Roth tauchte immer wieder in deren Wirkungsfeld auf. Häufig in einer Polizeiuniform. Sie hätten einander geschätzt und respektiert, sagt Aebi. Von Roth sei nie eine Gefahr ausgegangen, obwohl er sich manchmal an der Grenze der Legalität bewegt habe. In lebhafter Erinnerung ist Aebi, dass Roth einmal, als dieser bereits über 55-jährig war, ohne Erlaubnis einen BMW der Polizei aus einer privaten Reparaturwerkstätte abholte, in der das Auto geflickt worden war. Roth gab sich als Polizeimitarbeiter aus und fuhr mit dem Streifenwagen weg, um einen Kollegen vom Flughafen Zürich abzuholen. Im Aargau stoppte ihn die Polizei, weil Angehörige anderer Polizeikorps nicht ausserhalb ihres eigenen Territoriums unterwegs sein dürfen. Die Vorkommnisse blieben für Roth als Freund und Helfer der Polizei ohne Konsequenzen. Sogar der damalige Aargauer Polizeikommandant Léon Borer hatte sich eingeschaltet. Man wolle keine Geschichten machen und den Vorfall vergessen, soll er laut Roth gesagt haben. Der schlitzohrige Adabei sagt, er habe sich wiederholt in den Reihen der Polizei bewegt, mehrmals sei er für Übungen engagiert worden. Roths Duzfreund Hanspeter Aebi dagegen betont: «Wir erteilten Melk nie offizielle Aufträge.»

Das militärische Dienstbüchlein des untauglichen Roth enthält erstaunlicherweise Einträge von Einsätzen für Armee und Polizei und sagt etwas anderes: Demnach leistete er etwa am 4. Juni 1992 für das Polizeikommando des Kantons Bern, Abteilung Instruktion, einen eintägigen Diversionseinsatz für das «Det E». Das bedeute, erklärt Roth, er habe an einer Übung mit der Sondereinheit Enzian der Kantonspolizei Bern mitgewirkt. Weil ihm ein Daumen fehle, den er sich bei einem Arbeitsunfall abgerissen habe, sei er als fiktiver Täter, den die Polizisten stellen mussten, geeignet gewesen. In der Übung sei das körperliche Fahndungsmerkmal «fehlender Daumen» für die Teilnehmer wesentlich gewesen, um ihn anhalten zu können.

Enzian, die älteste Spezialtruppe eines Schweizer Polizeikorps, wurde 1972 als Detachement für besonders heikle Einsätze gegründet. Enzian-Mitglieder kommen zum Einsatz, wenn Menschen lebensgefährlich bedroht sind.

Roth war regelmässig an Diversionsübungen von Polizei- und Armeeeinheiten beteiligt. Er spielte in diesen Trainings Verbrecher oder ausländische Soldaten, die auf Schweizer Territorium eingedrungen waren. Er gab zum Beispiel als Test für Soldaten einmal – mit einer seiner US-Uniformen bekleidet – einen amerikanischen Fallschirmspringer, der in der Schweiz gelandet war. Ein Stempel in Roths Dienstbüchlein zeugt ausserdem von einem Diversionseinsatz für die NATO am 20. April 1988 auf dem Waffenplatz Bure im Kanton Jura; daneben sind bis 1992 weitere derartige Übungsteilnahmen für Einheiten der Schweizer Armee vermerkt.

KTA
AMP
Militar
HEADQUARTERS US ARMY

Für Verwunderung sorgte Roth regelmässig auch mit seinem Fahrzeugpark. Mit einem alten, roten Feuerwehrauto und Militärfahrzeugen war er in der Umgebung unterwegs; seinen geräumigen Alltagswagen, einen BMW-Offroader, zierten Embleme der Kantonspolizei Bern. In Uniform am Steuer eines vermeintlichen Polizeiautos, so fuhr der Handwerker auf seinen Touren durch die ganz Schweiz. Längst im Pensionsalter, führte Roth in den letzten Jahren vor allem Abbrucharbeiten aus. Er hatte Aufträge von der Swisscom und vom Bund. Für das Verteidigungsdepartement baute er unzählige unterirdische Backstuben ab, die im Zweiten Weltkrieg dazu gedient hätten, in sicheren Räumen Brot zu backen. Landesweit waren die Bäckereien damals verpflichtet worden, solche Brotöfen zu bewirtschaften. Für den Unterhalt hatten die Betriebe jahrzehntelang Entschädigungen vom Bund erhalten. Nach dem Wegfall dieser Beiträge vor wenigen Jahren veranlasste das Verteidigungsdepartement den Abbruch der Öfen. Mit jeweils zwei bis drei Helfern beseitigte Roth in den letzten Jahren in der ganzen Schweiz Dutzende der unterirdischen Backstuben und entsorgte das Material. Die Arbeiter mussten tonnenschwere Eisenteile und Steinplatten von weit unter der Erde an die Oberfläche bringen – mit Liften oder in alten, engen Gebäuden, vielfach auch ohne Aufzüge.

# Gstaad

Chalet Kranich. Unter dieser Bezeichnung kennen Eingeweihte den ehemaligen Kommandoposten der geheimen Kaderorganisation P-26 in Gstaad. In der Anlage – nicht von einem anderen Chalet in Gstaad zu unterscheiden – verkehrte auch Melchior Roth. Weshalb er Zutritt hatte? Roth war als Kältetechniker in der heissen Zone tätig. Als Monteur der Paul Schaller AG in Bern – 1990 wurde die Firma zur Schaller Uto AG – wartete er die Heizungs- und Kühlsysteme im Chalet Kranich und in den Bunkeranlangen der P-26. Ende der 1980er-Jahre sei er zeitweise fast monatlich ins Berner Oberland gereist, denn in den unterirdischen Räumen sei es sehr feucht gewesen, was einen grossen Serviceaufwand bedingt habe, sagt Roth. Mit Sensoren seien Temperatur und Feuchtigkeit überwacht worden. Seine Arbeit in den Anlagen der P-26 wurde später auch in einem Befragungsprotokoll der Justiz festgehalten, in dem Roth seine Einkünfte aus der Arbeit für die Firma Schaller angab, unter anderem den Auftrag der P-26.

Heute erinnert sich Roth, dass im Eingangsbereich jeweils Ausweise für jene deponiert gewesen seien, die man im Stützpunkt erwartete. Auf diesen Kärtchen sei klar bezeichnet gewesen, für welche Bereiche diese Personen Zugang hatten. «Nicht alle P-26-Angehörigen konnten sämtliche Räume betreten», sagt Roth. Das Chalet Kranich war abhörsicher und mit verschiedenen Schutzvorrichtungen versehen, ein eigentlicher Hochsicherheitstrakt.

Andere Anlagen wirkten von aussen unscheinbar wie Scheunen und seien sogar für grosse Fahrzeuge zugänglich gewesen. Roth erzählt: «Die Aussenwand konnte so weggezogen werden, dass Lastwagen hineinfahren konnten.» Zu den P-26-Mitgliedern habe er nur vereinzelt Kontakte gehabt. Doch zum Teil habe man ihn damit betraut, Informationen über Personen einzuholen. Roth nennt als Beispiel, dass Ausländer mit Niederlassungsbewilligung C und Aufenthaltsbewilligung B bespitzelt worden seien. Die Polizei überprüfte deren Tun. «Da gab es Schnittstellen zur P-26, gewisse Aufträge wurden herumgereicht.» Diese Aussage belegt Roth mit Passfotos und Dokumenten der «Zielpersonen» – samt Stempeln mit Einreisedaten; er zeigt Beispiele von deutschen und tibetischen Staatsangehörigen, die damals in den Kantonen St. Gallen und Thurgau wohnten.

Der Kaderorganisation P-26 gehörten rund 400 Mitglieder an. Diese trugen Codenamen. Die meisten in der Organisation kannten jeweils nur jene wenigen Personen, mit denen sie direkt zu tun hatten. Der ehemalige Armeechef Christophe Keckeis schwärmt von den Tugenden der geheimen Widerstandskämpfer. «Viele haben nicht einmal ihren Frauen verraten, dass sie bei der P-26 dabei waren», sagt Keckeis. «Die Partnerinnen hatten keine Ahnung, wohin ihre Männer gingen.» Diese hätten manchmal lügen müssen, und so nehme ein grosser Teil der Mitglieder dieses Geheimnis ins Grab mit. «Das fortwährende Stillschweigen führte auch dazu, dass sich zahlreiche P-26-Mitglieder nicht zu erkennen gaben, selbst als man sie später hätte ehren wollen.»

1990 wurde die Organisation P-26 enttarnt und kurz darauf aufgelöst. Die Parlamentarische Untersuchungskommission arbeitete deren Entstehung und Tätigkeit auf. Die Kaderorganisation hätte den Bundesrat im Exil unterstützt, wenn die Schweiz während des Kalten Kriegs von Truppen des Warschauer Pakts besetzt worden wäre. Die P-26 sollte zudem ge-

| | |
|---|---|
| Nom<br>Name<br>Cognome | R o t h |
| Prénom(s)<br>Vorname(n)<br>Nome(i) | Melchior |
| Né(e) le<br>Geboren den<br>Nato(a) il | 31.März 1950 |

Gemeindeschreiberei
3411 Schwarzhäusern

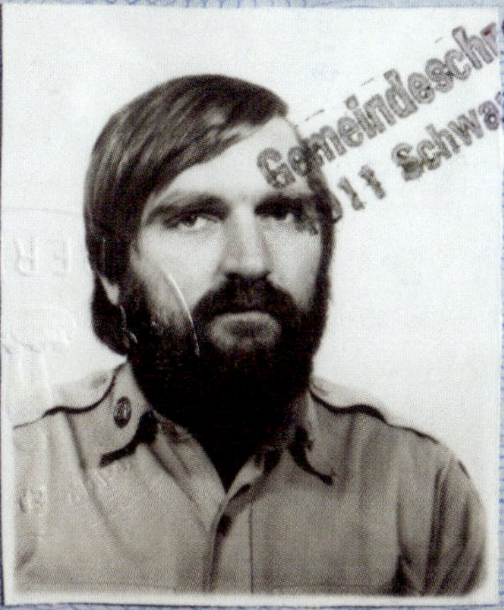

Signature
Unterschrift
Firma

| | |
|---|---|
| Originaire de<br>Bürger(in) von<br>Cittadino(a) di | Brenzikofen |
| Canton<br>Kanton<br>Cantone | Bern |
| Etat civil<br>Zivilstand<br>Stato civile | ledig |
| Profession<br>Beruf<br>Professione | Monteur |
| Domicile<br>Wohnort<br>Domicilio | Schwarzhäusern |
| Taille<br>Grösse<br>Statura | 178 cm |
| Yeux<br>Augen<br>Occhi | grau-grün |
| Cheveux<br>Haare<br>Capelli | dunkel-blond |
| Signes particuliers<br>Besondere Kennzeichen<br>Segni particolari | -- |

fährdete Personen schützen und den Widerstand unterstützen. Das Netzwerk war darauf ausgerichtet, die Bevölkerung mit Informationen zu versorgen. Höchste Geheimhaltung wurde gewahrt.

Die Parlamentarische Untersuchungskommission sah die Geheimorganisation in ihren Ausführungen als illegale, stark bewaffnete Armee, die der parlamentarischen Aufsicht entzogen war. Die Mitglieder hätten zwar keine staatsgefährdende Absicht verfolgt, jedoch ohne Rechtsgrundlage operiert. Weil die P-26 auch mit ausländischen Organisationen zusammengearbeitet hatte, beauftragte das Parlament den Bundesrat, einen zusätzlichen Bericht erarbeiten zu lassen. Damit betraute Kaspar Villiger, der damalige Vorsteher des Eidgenössischen Militärdepartements, den Neuenburger Untersuchungsrichter Pierre Cornu.

Die P-26 wurde nach 1979 als Nachfolgegruppierung eines Spezialdienstes geschaffen, der aus Angst vor einem sowjetischen Einmarsch auf die Beine gestellt worden war. Efrem Cattelan leitete den Aufbau unter dem Namen Projekt 26. Das Konzept war vom damaligen Generalstabschef geprägt. Heimlich trainierten die Angehörigen der P-26 bei Gstaad; sie trugen teilweise Masken, damit die Mitglieder in der zellenartig aufgebauten Organisation nicht identifizierbar waren. Im Kriegsfall wären sie unter anderem mit einer Maschinenpistole samt Schalldämpfer ausgerüstet worden. In vier Materialdepots hatte die P-26 Waffen, Sprengstoff, Funkgeräte und Sanitätsmaterial gelagert. Melchior Roth sagt, er sei Efrem Cattelan bei seinen Arbeiten im Chalet Kranich nie begegnet, er habe aber einige von Cattelan unterschriebene Briefe erhalten, die Organisatorisches im Zusammenhang mit seinen Montagearbeiten geregelt hätten.

Die Verantwortlichen der P-26 rekrutierten die aus Frauen und Männern zusammengesetzte Organisation vor allem im Bekanntenkreis. Bundespolizei und kantonale Korps überprüften den Leumund und die Eignung der Kandidaten. Der Historiker Titus Meier, der eine Dissertation über die P-26 verfasste, kritisiert die Feststellungen der Parlamentarischen Untersuchungskommission, wonach die geheime Kaderorganisation ausserhalb und ohne Wissen der Bundesverwaltung funktioniert habe. Die Gruppe sei immer im Organigramm des Militärdepartements enthalten gewesen, und die damaligen Generalstabschefs hätten die P-26 nahe begleitet. Die Vorsteher des Militärdepartements wussten demnach von der Existenz der Organisation, waren allerdings nicht über Details informiert. Der Gesamtbundesrat wurde laut Meier zweimal über die Widerstandsvorbereitungen ins Bild gesetzt. Einmal im September 1979, das zweite Mal nach Auffliegen der Gruppe im April 1990. Der Historiker erachtet die geheime P-26 als legal und ungefährlich. Dass ihr so viel Gefahrenpotenzial zugeschrieben worden sei, liege an der aufgeheizten innenpolitischen Stimmung zu dieser Zeit: So war 1989 etwa über die Initiative zur Abschaffung der Armee abgestimmt worden, und ausserdem prägte der Fichenskandal die politische Diskussion.

Im Auftrag der Firma Schaller war Melchior Roth nicht nur für die P-26 im Chalet Kranich in Gstaad tätig, er arbeitete auch in mehreren anderen geheimen militärischen Festungen. Etwa in der Anlage Waldbrand am Beatenberg bei Interlaken. Dort sollen die Schiesskarten der Armee aufbewahrt worden sein, die die Reichweiten der Abwehrkanonen sowie die landesweite Abdeckung angaben. Laut Roth war die inzwischen aufgelöste Festung Waldbrand als sicherer Rückzugsort für die Behörden des Kantons Bern konzipiert. Als Monteur habe er zu weiteren Anlagen im Jura und im Kanton Basel-Landschaft

Zugang gehabt. Doch die professionellen Festungswächter hätten es gar nicht gerne gesehen, dass einer wie er von aussen berechtigt gewesen sei, in die geheimen Stützpunkte einzutreten, berichtet Roth.

Die Festungswächter waren dafür zuständig, die für den Krieg errichteten Armeeanlagen zu unterhalten. Das Korps war 1942 gegründet worden und bestand aus Berufssoldaten. 2003 wurde die Einheit aufgelöst.

# Zaire

Seine Uniformversessenheit hat Melchior Roth im Sommer 1986 im damaligen Zaire, der heutigen Demokratischen Republik Kongo, ernsthafte Schwierigkeiten eingetragen. Eine Schweizer Firma war vom zairischen Präsidenten Mobutu Sese Seko beauftragt worden, dessen Privatresidenz in Gbadolite mit Strom zu versorgen. Das Unternehmen schickte deshalb den damals 36-jährigen Roth nach Zaire, um eine Turbine zu installieren. In Afrika zog der Monteur eine seiner US-Uniformen an und schaute sich in Mobutus geheimem Landsitz um. Kleidung und Verhalten des Fremden erweckten das Misstrauen der Präsidentenleibwache, sodass die Soldaten Roth verhafteten und zwei Tage lang gefangen hielten. Der Handwerker musste ein vierstündiges Verhör über sich ergehen lassen, umgeben von Wächtern mit Schnellfeuergewehren. Der Zwischenfall sorgte bis in die Schweiz für Aufsehen: «Schweizer Monteur ging bei Mobutu in US-Kampfanzug um: Verhaftet», titelte der *Blick* am 23. Juli 1986.

Mobutu persönlich habe sich eingeschaltet, sagt Roth. Deshalb sei er freigelassen worden und habe weiterarbeiten dürfen. Die Soldaten hätten ihn allerdings in den drei Wochen, in denen er auf der Farm beschäftigt gewesen sei, nicht mehr aus den Augen gelassen.

Roths Einsatz in Zaire ist auch aktenkundig. In Dokumenten der Militärpolizei, die im Zusammenhang mit einem späteren Täuschungsmanöver in einer Rekrutenschule erstellt wurden, heisst es, Roth habe dem damaligen Diktator Mobutu in dessen privater Villa eine Notstromanlage installiert. Auch dass Roth dabei eine US-Uniform trug, ist in den Unterlagen vermerkt.

1988 war der Schweizer erneut in Zaire im Einsatz. Er half mit, nahe von Mobutus Residenz in Gbadolite eine Musterfarm mit der Bezeichnung Nganza für den Präsidenten zu bauen. Auf 300 Hektaren Land wurden Wasserreservoirs, Turbinen und Fabrikhallen für die Produktion von Joghurt erstellt. Der Viehzüchter Werner Weber, in Düttisberg ob Burgdorf heimisch, hatte in der Schweiz während Jahren Kühe gekauft und sie mit Chartermaschinen nach Zaire einfliegen lassen. Das Schweizer Vieh litt in der afrikanischen Hitze, weshalb die Ställe klimatisiert wurden. Im tropischen Klima gaben die hochwertigen Kühe dennoch nur wenig Milch.

Neben gut bezahlten Schweizer Ingenieuren, Maschinenkonstrukteuren und Landwirten arbeiteten Einheimische zu niedrigen Löhnen auf der Farm Nganza. Melchior Roth kritisiert, das Projekt sei völlig überrissen und allein auf die Weissen ausgerichtet gewesen. «Die Schwarzen konnten sich das Joghurt, das sie herstellten, gar nicht leisten», wurde Roth einst im Magazin des *Tages-Anzeigers* zitiert. Den Schweizern sei das egal gewesen, stellt er fest. «Sie meinten, sie wüssten alles hundertmal besser als die Afrikaner.»

Als Leiter der Farm trat Mobutus Vertrauter Martin Hofmann auf. Den inzwischen verstorbenen Schweizer Fotografen, der damals in Zaire lebte, hatte der Diktator angeblich bei einem Fototermin kennengelernt. Hofmann soll Mobutu auf Lingala, einer Landessprache, begrüsst haben. Er war in Belgisch-Kongo aufgewachsen und dem Präsidenten sogleich sympathisch. Mobutu, der eng mit der Schweiz verbunden war, nutzte Hofmanns Kontakte, indem er ihn in seinen Beraterstab aufnahm.

Die Farm Nganza habe Hofmann wie ein Militärregiment geführt. Am Morgen mussten die Angestellten etwa die zairische Landesflagge grüssen. Roth sagt, Hofmann habe die Schwarzen verachtet und beschimpft. So habe dieser getobt, als ein Bediensteter den Sonntagszopf mit den Händen berührt habe. «Ich will nicht Brot essen, das ein Neger angefasst hat», soll Hofmann laut Roth getobt haben.

Der Fotograf war auch in der Führung der Handelskammer Schweiz–Zaire, und er hatte enge Drähte ins Aussendepartement. Von Mobutu war er persönlich mit einem Verhandlungsmandat betraut worden. Mehrmals war der Diktator in der Schweiz empfangen und in seiner Heimat besucht worden, die Bundesräte Nello Celio, Pierre Graber und Pierre Aubert pflegten gute Beziehungen zu Mobutu. Der freisinnige Celio auch noch nach seinem Rücktritt als Magistrat: Er trieb als Verwaltungsratspräsident von Alusuisse in einem Konsortium von internationalen Aluminiumherstellern das Projekt einer milliardenteuren Aluminiumhütte am Fluss Zaire voran. Mitte der 1970er-Jahre gab die Regierung Mobutu dann bekannt, sie verzichte auf die Realisierung der Pläne, weil die Bedingungen unannehmbar seien – die Investoren mussten deshalb riesige Beträge abschreiben.

Im Mai 1983 empfing Aussenminister Pierre Aubert Mobutu, kurz nachdem die Menschrechtskommission der UNO publik gemacht hatte, dass Oppositionelle in Zaire systematisch gefoltert worden waren. Doch in der Schweiz war Mobutu willkommen. Pierre Graber, wie Pierre Aubert ein Sozialdemokrat, hatte dem Präsidenten einst eine Villa in Savigny im Kanton Waadt als Feriendomizil vermittelt. Für die Schweiz galt Zaire als Partner für die Zukunft, weil das Land als politisch einigermassen stabil angesehen wurde.

Die Villa Mobutus in Savigny wurde von den Behörden

beschlagnahmt, nachdem Mobutu 1997 gestürzt worden und wenige Monate danach im Exil in Marokko an Krebs gestorben war. Der Herrscher hatte weiteres Vermögen in der Schweiz, gesamthaft wurden rund 8,8 Millionen Franken auf einem Sperrkonto blockiert.

Melchior Roth gibt an, er habe bei seinen Einsätzen nie persönlich Kontakt mit Mobutu gehabt. Lediglich bei der Einweihung der Farm Nganza habe er ihn von Weitem gesehen. Mit Mobutus Vertrautem Martin Hofmann habe er jedoch wiederholt zu tun gehabt. Er sei ein «Soucheib» gewesen. Als Hoffotograf soll Hofmann 25 000 Porträts von Mobutu realisiert haben. Die Witwe des Schweizers fordert Geld dafür, denn ihr Mann sei nie bezahlt worden. Sie verlangt in einem Rechtsstreit – dieser dauerte Anfang 2020 noch an – einen Millionenbetrag vom gesperrten Konto.

AEROPUERTO
INTERNACIONAL
PUNTA CANA

# Dominikanische Republik

Punta Cana, eine Ferienregion, bekannt für endlose Traumstrände. Nicht, dass Melchior Roth im Juni 1997 zur Erholung in die Dominikanische Republik gereist wäre. So, wie er im hohen Alter rast- und ruhelos sieben Tage in der Woche arbeitet, so war er auch früher ohne Pause am Werk. In der Dominikanischen Republik hatte Roth wie einst in Zaire den Auftrag, eine Notstromgruppe in Betrieb zu nehmen. Die Anlage auf dem Flughafen sei bereits montiert gewesen, «von Einheimischen professionell wie in der Schweiz installiert», betont Roth. Er habe das System nur noch starten und die Verantwortlichen instruieren müssen. Die Anlage habe nicht nur den Flughafen, sondern auch das nahe Spital und eine Trinkwasserreinigungsanlage mit Strom versorgt. Zuvor waren diese Einrichtungen laut Roth an ein Netz angehängt gewesen, das oft nur zwei Stunden pro Tag funktioniert hatte. Nun sei ein lückenloser Betrieb angestrebt worden. «Ich kümmerte mich um die Dieseltanks und die gesamte Infrastruktur», sagt Roth. Engagiert hätten ihn die beauftragten Firmen, weil er in der Montage und Inbetriebnahme von Notstromanlagen erfahren gewesen sei. «Das wussten die Fachleute, die in dieser Sparte tätig waren.»

WIMPY
KAG 132F
UN

# Kenia

Im Januar 1998 reiste Melchior Roth nach Nairobi und Mombasa. Die UNO setzte ihn als Beobachter ein, denn in weiten Teilen Kenias breitete sich Unruhe aus. Wirtschaftliche Not und politische Instabilität liessen die Bevölkerung leiden und aufbegehren. Die Armee sei überall auf dem Vormarsch gewesen und habe sogar von der UNO gemietete Räumlichkeiten in Beschlag genommen. Laut Roths Angaben bestand einer seiner Aufträge darin, festzustellen, wo sich das Militär breit gemacht hatte. Weil er wiederholt für die UNO unterwegs gewesen sei, habe man ihn angefragt. «Ich war auf einer Liste von Leuten, auf die Einsatzleiter immer wieder zurückgriffen.»

Die Vertreter der UNO waren in Kenia in allen Belangen von der Armee abhängig, sagt Roth. Ohne deren Hilfe hätten die UNO-Mitarbeiter nichts erreicht. Das habe dazu geführt, dass die Militärs den Kurs bestimmt hätten. Die Armee habe etwa Sicherheitskräfte aus Lagern an der Grenze abgezogen, obwohl die UNO diese zuvor dort postiert hatte. «Solche Vorkommnisse wurden nie publik, weil sie für die UNO peinlich gewesen wären. Es durfte ja nicht sein, dass die UNO am Gängelband der kenianischen Armee hing.»

Für den Schweizer Nachrichtendienst sammelte Melchior Roth allgemeine Informationen zu den innenpolitischen Machtverhältnissen in Kenia. Zum Beispiel, indem er sich über das Funktionieren des Eisenbahn- und Schiffsverkehrs kundig machte. Er habe abgeklärt, inwieweit die Armee in Zügen und auf Fähren das Kommando innehatte und faktisch den Betrieb befehligte. Um dies herauszufinden, eruierte der Schweizer, ob

UN

die Zugbegleiter bewaffnet waren und demnach vom Militär gestellt wurden. Derartige Beobachtungen habe er Angehörigen des Aussendepartements mitgeteilt, die in Kenia tätig waren.

Obwohl die UNO in Nairobi schon vor langer Zeit ein Büro errichtet und Angestellte stationiert hatte, war die Lage in Kenia fortwährend angespannt. Das zeigte sich wenige Monate, nachdem Roth im Land im Einsatz gewesen war. Am 7. August 1998 – kurz vor Mittag – liessen zwei Attentäter vor der US-Botschaft in Nairobi einen Tankwagen mit einem 1000 Kilogramm schweren Sprengsatz explodieren. Die Fassade des Gebäudes und ein Nachbarhaus stürzten ein. Über 200 Menschen kamen ums Leben, und es gab 4500 Verletzte. Nur wenige Minuten später zündeten Terroristen eine Bombe vor der US-Botschaft in Daressalam in Tansania. Dieser Anschlag forderte 11 Todesopfer und 85 Verletzte. Die Tat von Nairobi war dem US-Auslandsgeheimdienst CIA bereits ein Jahr zuvor angekündigt worden, doch die Agenten hatten den Hinweis nicht ernst genommen.

Die Angriffe gegen US-amerikanische Botschaften entstammten einer neuen Strategie von Osama bin Ladens damals noch wenig bekanntem Terrornetzwerks Al-Qaida, das zuvor vor allem militärische Einrichtungen attackiert hatte. Ziele in Ostafrika hatten die Islamisten ausgewählt, weil dort die westlichen Botschaften weniger gut bewacht waren als anderswo. Die laschen Grenzkontrollen ermöglichten der Gruppe zudem, Sprengstoff einzuführen. Mit den Anschlägen gegen Einrichtungen der USA wurden Osama bin Laden und seine islamistische Organisation innert kurzer Zeit international bekannt.

Die USA reagierten mit Gegenschlägen, indem sie in mehreren Ländern Raketen auf Ziele von Al-Qaida abfeuerten und ihren Krieg gegen den Terror eröffneten. Melchior Roth ist

MP
UN
761
MEDICOS SIN FRONTERAS
PUMA

nach wie vor überzeugt, dass sich Osama bin Laden drei Jahre zuvor in Brasilien das Rüstzeug für die Attentate geholt hat, in der gemeinsam besuchten Spezialausbildung zur Terrorabwehr.

Für diffizile Einsätze im Dienst der UNO wie diesen in Kenia hatte Roth bereits im Sommer 1993 einen mehrtägigen Trainingskurs absolviert. Zusammen mit anderen Schweizern war er von UNO-Ausbildnern in Bern und in Brugg im Kanton Aargau für seine Aufgaben geschult und auf drohende Gefahren vorbereitet worden. Wie bei einer militärischen Übung probten die uniformierten Teilnehmer mögliche Situationen und Aufgaben in einem politisch instabilen Land.

Von den anderen der Absolventen des Camps habe er allerdings später keinen mehr auf einer Auslandmission angetroffen, sagt Roth. «Das liegt auch daran, dass die Verantwortlichen jeweils bewusst Delegationen zusammenstellten, deren Angehörige sich vor dem Einsatz nicht kannten.»

367 HYL

# London

Melchior Roth liess sich in seiner militärischen Ausbildung früh schon als Fallschirmgrenadier schulen. Als zweite Station nach dem Drill in Alabama absolvierte er im gleichen Jahr, 1971, einen Kurs der US-Armee in London. Zwei Tage hätte dieser Kurs gedauert, doch bei einer Übung auf einem Turm verunfallte Roth und verletzte sich gravierend am Oberkörper. Bei einem Absprung verhedderten sich die Seile, sodass er hängen blieb und sich die Schulter ausrenkte. In Fort Rucker in Alabama war Roth mehrfach mit dem Fallschirm aus Flugzeugen gesprungen, ohne dass ihm etwas zugestossen war. «Dabei führten wir sogar Schlechtwetterabsprünge durch», sagt Roth.

Nun aber musste sich der wagemutige 21-Jährige einen ganzen Monat lang im Londoner Middlesex Hospital pflegen lassen. Das Krankenhaus habe eine militärische Abteilung geführt, sagt Roth. Über Kontakte zum Personal habe er die Gelegenheit erhalten, an einem Fahrertraining der Londoner Kriminalpolizei Scotland Yard teilzunehmen.

Im Stadtteil Hendon brachten Fahrinstruktoren Roth bei, wie ein Einsatzfahrzeug im dichten Verkehr zu lenken ist, ohne dass es trotz hoher Geschwindigkeit auffällt. «Schnelles Fahren ohne Alarmzustand» – so sei der Kurs übersetzt betitelt gewesen, erinnert sich Roth. Ein Diplom zeugt von seiner Teilnahme am Spezialtraining. Diese Ausbildung habe ihm später in der Schweiz zu Engagements als Chauffeur verholfen, etwa für die indische Botschaft in Bern. Verschiedentlich verpflichtete auch die UNO die vielseitige Hilfskraft Roth als Fahrer im In- und Ausland.

AIRBORNE

# Vietnam

In Alabama hat sich Melchior Roth einst tätowieren lassen. In der 5. Kompanie war er 1971 ausgebildet worden; das Zeichen der Eliteeinheit ziert seinen rechten Arm. Mit den Jahren und durch die stete körperliche Arbeit ist das Emblem verblichen. 1972 war es noch deutlich und farbig, als die Amerikaner Roth in der Funktion eines Waffenmechanikers nach Vietnam schickten, um die Gewehre der Soldaten in Stand zu halten. Weil die Truppen kontinuierlich aufgestockt worden seien, habe es an einsatzbereiten Fachleuten für die Instandhaltung der Gewehre gefehlt. «Die Amerikaner boten alle Leute auf, die irgendwo verfügbar waren», sagt Roth. Sie hätten ein letztes Aufbäumen in die Wege geleitet, obwohl die Entscheidung gegen sie eigentlich längst gefallen war. Von der Division, für die er in Alabama ausgehoben worden sei, habe er den Marschbefehl erhalten. Von ihm habe man sich neben seinen Fähigkeiten als Waffenmechaniker auch versprochen, dass er sich dank seines Schweizer Passes frei bewegen und Informationen beschaffen könne.

Roth reiste nach Frankfurt zur Rhein-Main-Basis der US-Luftwaffe. Von dort aus flogen die Amerikaner ihre Verstärkung nach Vietnam. Mit einem Zwischenstopp, um aufzutanken. Doch die Flugzeuge konnten nicht in Hanoi landen, weil sie beschossen wurden. Die Truppen retteten sich auf eine US-Basis und warteten; am nächsten Tag wurde dann ein nächster Anlauf gestartet.

Als er doch noch in Hanoi angekommen sei, habe er keine Aufgabe mehr gehabt, «denn die Soldaten wurden abgezogen», berichtet Roth. «Es brauchte mich nicht mehr.» Es sei ein Kurzeinsatz geworden; wenige Stunden später sei er schon wieder ausgeflogen worden. Das war Ende 1972, als die Amerikaner die letzten Bombenangriffe gegen die Hauptstadt führten und Teile Hanois zerstörten.

Seit 1966 hatten die USA Hanoi bombardiert. Anfang 1973 schlossen Nord- und Südvietnam dann einen Waffenstillstand, der aber nicht eingehalten wurde. US-Präsident Richard Nixon rief seine Soldaten dennoch zurück, und die US-Truppen beteiligten sich nicht mehr an den Kämpfen.

Doch der Krieg dauerte an, erst 1975 endete er mit der ersten militärischen Niederlage der Amerikaner im 20. Jahrhundert. Elf Jahre hatte die Auseinandersetzung gedauert, die USA setzten weit mehr Bomben ein, als im ganzen Zweiten Weltkrieg von allen beteiligten Nationen abgeworfen worden waren. Zwischen zwei und fünf Millionen Menschen kamen in Nordvietnam ums Leben, unter ihnen eine Mehrheit Zivilpersonen. Auf Seiten der USA gab es rund 60 000 Opfer.

Er sei auch bei der Evakuierung Saigons dabei gewesen, erzählt Melchior Roth. Dorthin sei er zuvor mehrfach wochenweise entsandt worden, um zu rekognoszieren, wie sich die Lage entwickle. «Als ich letztmals in Saigon eintraf, war das Kriegsende nahe.» Roth war nach eigenen Angaben damit betraut worden, mit Vietnamesen zu sprechen, die in die USA fliehen wollten. Er habe den Auftrag gehabt, herauszufinden, welche einheimischen Verbündeten besonders gefährdet gewesen seien, weil sie im Krieg eine exponierte Rolle eingenommen hatten. Solche Personen hätten die Amerikaner aus Saigon evakuiert, sagt Roth.

In den Morgenstunden des 30. Aprils 1975 wurden vom Gelände der US-Botschaft in Saigon die letzten Amerikaner ausgeflogen. Zuletzt die dort stationierten Marines, die für den

Schutz des Gebäudes und die sichere Rückkehr der Soldaten zuständig gewesen waren. Um die Mittagszeit durchbrachen nordvietnamesische Panzer die Absperrungen um den Präsidentenpalast in Saigon, und die südvietnamesische Regierung kapitulierte. Die Siegertruppen hissten ihre Fahne mit dem roten Stern.

Seit dem Krieg sei er nie mehr in Vietnam gewesen, sagt Roth. Nach seinem Einsatz in Sri Lanka 1989 habe er zwar einen Abstecher erwogen, doch mit seinem Sonderpass habe er nicht beliebig weiterreisen dürfen. «Ich wurde nach Bern zurückbeordert.»

Zu Zeiten des Vietnamkriegs war Roth ein junger Erwachsener; damals schon war er rastlos und in häufig wechselndem Auftrag unterwegs. Seine Erinnerungen sind teilweise etwas verblasst wie die Tätowierung an seinem Arm, doch auch die Konturen der Vietnamaufenthalte lassen sich nachzeichnen. Roth besitzt Unterlagen und Fotos aus der längst vergangenen Zeit, die seine Statistenrolle in einem der blutigsten Kriege des 20. Jahrhunderts dokumentieren.

1
Spécial
AMMANN
Langenthal
38

# Rumänien

Als Organisator einer Hilfsaktion hat sich Melchior Roth im Oktober 1991 betätigt. Er fuhr mit anderen Freiwilligen ausrangierte Berner und Genfer Stadtbusse nach Rumänien. Die Fahrzeuge füllte Roth zudem mit liquidiertem Militärmaterial, das er erstanden hatte. 100 000 Fellmützen hatte der Händler etwa an Lager, und ebenso viele sogenannte Schiffchenhüte von Schweizer Ausgangsuniformen. Die Kopfbedeckungen sowie 100 000 Paare Wollhandschuhe brachte Roth nach Bukarest, dazu alte Kampfanzüge und Uniformen aus seinem Bestand: «Die Kleider waren noch mit den Abzeichen der Truppen versehen, und wir verteilten sie an junge Rumänen. Über 20-Jährige durften sich eine Uniform holen. Wir fotografierten sie so, dass die Bilder den Eindruck erweckten, es handle sich um Kompanien von Schweizer Rekrutenschulen.» Als man in Bern davon erfahren habe, «gab es ein Riesentheater», erzählt Roth. Die Fotoaktion habe schliesslich zu einem Ausfuhrverbot für nicht mehr benötigte Uniformen geführt.

Die Kleider habe er nicht aus seinem Sack bezahlt, eine Basler Hilfsorganisation habe sie ihm abgekauft. Für ein Paar Handschuhe beispielsweise habe er damals 10 oder 20 Rappen verlangt. Roth hält aber fest, er habe unentgeltlich den Transport vorbereitet und durchgeführt. Das sei eine herausfordernde Aufgabe gewesen, denn unterwegs hätten die 28 Dieselbusse nicht betankt werden können, da in Rumänien nicht genug Treibstoff verfügbar gewesen sei. «Wir benötigten für unseren Konvoi ein Tankfahrzeug.»

Damals, im Herbst 1991, litt die rumänische Bevölkerung an den Folgen der diktatorischen Herrschaft des Ehepaars Ceauşescu. Die beiden waren Ende 1989 gestürzt worden. Ion Iliescu, dem Nachfolger als Staatspräsident, war es nicht gelungen, die Versorgung mit landwirtschaftlichen Produkten und Energie wesentlich zu verbessern und die Not der Einwohner zu lindern.

Nicht nur den Tanklastwagen habe er organisiert, erinnert sich Roth, er habe auch dafür gesorgt, dass die Fahrzeuge in Budapest ein Durchfahrtsrecht erhalten hätten. In der ungarischen Hauptstadt sei nicht die Polizei, sondern die Feuerwehr dafür zuständig gewesen, eine grüne Welle zu schalten, sodass die Buskolonne zusammenbleiben konnte. Ursprünglich sei erwogen worden, die Busse mit der Eisenbahn zu transportieren. Doch das sei damals zu aufwendig gewesen, worauf der Plan entstanden sei, rumänische Chauffeure die Fahrzeuge abholen zu lassen. «Diese wären für wenig Geld einsatzbereit gewesen, doch sie hätten zuerst geschult werden müssen.» Deshalb seien schliesslich mit den Bussen vertraute Schweizer Chauffeure engagiert worden. An den Fahrzeugen waren Embleme des Roten Kreuzes angebracht, das an der Hilfsaktion beteiligt war. Einige der Busse aus Genf waren noch mit der Linienbezeichnung «Rive» versehen. Wo die Fahrzeuge später in Rumänien später eingesetzt worden seien, wisse er nicht, sagt Roth. Die Schweizer Delegation habe sie in Bukarest übergeben.

Die Hilfsgüter für die Bevölkerung verteilten die eingereisten Helfer eigenhändig in und um Bukarest. Ausser den Militärhandschuhen und Uniformen hätten sie auch zivile Kleider mitgebracht. Diese gaben die Schweizer unter anderem an Kinder ab. Man sei aufs Land hinausgefahren und habe auf Dorf- und Schulhausplätzen Material verschenkt, erinnert sich Roth. Etwa zehn Tage hielt sich die Delegation in Rumänien auf. Aus Bukarest kehrten die Helfer per Flugzeug nach Zürich zurück.

# Ex-Jugoslawien

Ab Februar 1992 hat Melchior Roth wiederholt Aufgaben für Friedenstruppen in den Jugoslawienkriegen übernommen. In Zagreb verfolgte er dabei mit, wie das Personal in der Schweizer Botschaft über Nacht eine Funkanlage mit versteckter Antenne verschwinden liess. Roth jedenfalls sagt, diese sei heimlich nach Ungarn gebracht worden. «Diese Geräte hatten in der Botschaft eines neutralen Staates in Zagreb nichts zu suchen.» Doch Schweizer Agenten hätten beobachtet und über Funk rapportiert, wie sich die jugoslawische Armee aufgespaltet habe. Bern sei mit verschlüsselten Meldungen versorgt worden. Unter Codenamen seien Angehörige des Militärdepartements unterwegs gewesen. Einen Kaspar habe er zum Beispiel angetroffen; und einen Thomas. Er habe nicht gewusst, mit welchem Auftrag seine Landsleute in Kroatien unterwegs gewesen seien, erzählt Roth. Solchen, sogenannt wilden Kollegen, die vom Nachrichtendienst entsandt worden seien, ohne dass jemand ihre Funktion und Mission gekannt habe, sei er an manchem Ort begegnet.

Anfang Januar 1992 hatte die UNO mit der kroatischen und der serbischen Führung einen Friedensplan vereinbart, sodass UNO-Schutztruppen im Kriegsgebiet stationiert werden konnten. Rund ein Jahr später brachen die Kämpfe wieder aus, Kroatien griff die serbisch besetzten Gebiete im Hinterland an. Roth sagt, er habe sondiert, wie die Schweiz der Zivilbevölkerung am besten helfen könne. Zudem habe er in weiten Teilen Ex-Jugoslawiens, in Kroatien und Bosnien-Herzegowina, strategische Aufgaben übernommen: «Ich fotografierte in diesen

Gebieten Brücken und Bahnhöfe, bevor sie gesprengt wurden.» Nachdem diese Infrastrukturen zerstört worden seien, habe er diese Knotenpunkte erneut abgelichtet. Auch vom Flughafen Varaždin in Kroatien und dem dortigen Funkturm habe er Bilder gemacht. Roth gibt an, er sei etwa vier- bis fünfmal für eine Woche im Kriegsgebiet gewesen.

Alle während der Aufenthalte geknipsten Fotos habe er einem Mitarbeiter der Schweizer Nachrichtenzentrale übergeben. Einem «Wilden», den er nicht gekannt habe. An einem vereinbarten Treffpunkt habe dieser Offizier alle Dokumente entgegengenommen. Nach eigenen Angaben war Roth in Begleitung einer weiteren Person in einem Privatfahrzeug unterwegs, das mit Blaulicht und Polizeiaufschrift versehen war. Sein Mitfahrer sei wie ein Adjutant gewesen, der Rapporte geschrieben und Beobachtungen notiert habe. Für die Ablage der Berichte erhielt Roth jeweils Kartonmappen, in die seine Dienstnummer – 761 – eingestanzt war.

Im Frühling 1999 wurde Roth dann für die Operation Alba aufgeboten. Unter der Schirmherrschaft der UNO flogen nach Ostern Schweizer Armeehelikopter den ersten humanitären Auslandseinsatz zur Notversorgung von Kriegsflüchtlingen. Der Bundesrat hatte auf Antrag von Verteidigungsminister Adolf Ogi beschlossen, den UNO-Hochkommissar für Flüchtlinge zu unterstützen und eine Hilfsdelegation nach Albanien zu entsenden. Christophe Keckeis, damals Stabschef der Luftwaffe, organisierte die Mission – kräftig unterstützt von Charles Raedersdorf, dem damaligen Chef des Katastrophenhilfekorps. Keckeis sorgte dafür, dass die drei Super-Pumas und die Hilfskräfte innert Stunden bereit waren. Der Bürgerkrieg in Kosovo liess Tausende die Krisenregion verlassen, in Tirana gelagerte Hilfsgüter sollten mit den Schweizer Helikoptern ins Grenzgebiet nach Kukës geflogen werden.

KFOR

Am 10. Juni 1999 endete der Kosovokrieg. Der Bundesrat entschied bereits zwei Wochen später, sich militärisch an der Kosovotruppe – abgekürzt KFOR für Kosovo Force – zu beteiligen und Soldaten zu entsenden. Die multinationale Formation unter der Leitung der NATO war dafür besorgt, dass die Flüchtlinge in Sicherheit zurückkehren konnten. Die KFOR überwachte den Abzug der jugoslawischen Truppen. Die Schweizer Soldaten in Kosovo waren unter der Verbandsbezeichnung Swisscoy zusammen mit österreichischen Armeeangehörigen im Lager Casablanca in Suva Reka stationiert.

Melchior Roth erhielt vom Katastrophenhilfekorps den Auftrag, dem ersten Kontingent von Swisscoy-Soldaten Material aus der Schweiz zu liefern. Er habe sich im Camp frei bewegen können und sei nicht an die geltenden militärischen Regeln gebunden gewesen, sagt Roth. «Ich hatte nicht um 22 Uhr in der Unterkunft zurück zu sein und musste keinen Bewilligungsschein vorweisen, wenn ich ausgehen wollte.» Trotzdem war Roth – wie immer – in Uniform gekleidet. Mit ihm gemeinsam seien zwei weitere Angehörige des Katastrophenhilfekorps in Suva Reka gewesen, um das Swisscoy-Kontingent zu versorgen. Während die Soldaten abgeschirmt gewesen seien, habe er als «Freiwild» andere KFOR-Soldaten in der Umgebung besucht und mit ihnen militärische Abzeichen getauscht, erzählt Roth. Er habe Kontakte mit Truppenangehörigen aus den verschiedensten Ländern geknüpft.

Einen KFOR-Lastwagen, mit dem Material zur Swisscoy-Truppe nach Kosovo transportiert wurde, fuhr Melchior Roth eines Tages auf dem Rückweg vor sein Haus in Bützberg. Auf einem Bild präsentiert sich der Chauffeur in heimischer Umgebung mit dem Fahrzeug. Er sei kurz vor Ende der Fahrt von Suva Reka nach Bern aus dem KFOR-Konvoi ausgeschert. «Ich schaue schnell zu Hause vorbei, ich wohne hier», habe er dem Vorgesetzten gesagt und die vorgegebene Route verlassen.

Mit den Lastwagen habe man nicht nur Güter nach Kosovo gebracht, sondern auch Material zurückgeholt. Die Fahrzeuge waren laut Roth plombiert. Die anderen Chauffeure seien alle Militärangehörige gewesen, er sei als Einziger vom Schweizerischen Katastrophenhilfekorps in die Gruppe beordert worden. «Deshalb konnte ich mir solche Mätzchen erlauben, denn man durfte nicht einfach durchfahren, wo man wollte. Der Fahrbefehl galt strikt.»

Was nicht sein konnte, gab es in Roths Fall immer wieder. Auch in einem weiteren heiklen Bereich, dem Asylwesen: So begleitete er im Dezember 2003 für die Einwohnergemeinde Thunstetten bei Langenthal eine Asylbewerberin in deren Heimat Bosnien-Herzegowina. Die Frau hatte die Mitteilung erhalten, sie müsse ein Stück Land, das ihr gehörte, neu eintragen lassen. Sonst gehe das Grundstückseigentum an den Staat. Wäre sie allein nach Bosnien-Herzegowina zurückgekehrt, hätten ihr Komplikationen gedroht, heisst es in einem Protokoll der Einwohnergemeinde Thunstetten vom 13. Januar 2004. «Die einzige Person, die man im Moment für einen solchen Fall sah, war Melchior Roth. Er stellte sich spontan zur Verfügung.» Weil das Asylrekursverfahren der Frau noch hängig war, konnte sie laut den Ausführungen im Protokoll nicht auf dem Landweg reisen. «Die beiden entschlossen sich deshalb, das Flugzeug zu nehmen.»

Als Privatperson habe er eine polizeiliche Aufgabe übernommen, die ihm nicht hätte übertragen werden dürfen, sagt Roth. Er führt an, allein aus Datenschutz- und Versicherungsgründen sei die Begleitung der Asylbewerberin problematisch gewesen.

Doch die zuständige Vormundschaftsbehörde der Gemeinde Thunstetten war äusserst zufrieden mit Roth und verdankte seinen Einsatz: «Die Kommission hat den Eindruck, dass von Seiten von Herrn Roth eine sehr gute Arbeit geleistet wurde. Herr Roth stellt im Weiteren den Antrag, in einer der nächsten Sitzungen der Kommission in einer Viertelstunde über Schwierigkeiten und Einsätze in diesem Gebiet zu informieren.»

# Bern

Altwarenhändler Melchior Roth hat verschiedentlich auch ausrangiertes Material von ausländischen Botschaften in Bern erstanden. Kontakte knüpfte er zu konsularischen Kreisen, indem er seit den 1970er-Jahren für die Vertretungen verschiedener Länder Aufträge ausführte; vor allem als Chauffeur. Die Fahrerausbildung in London hat Roth nach eigenen Angaben Türen zu Botschaften geöffnet. Die indische beispielsweise engagierte ihn immer wieder als Fahrer, wodurch er Angestellte ausländischer Vertretungen in Bern kennenlernte.

In der US-Botschaft sei er zeitweise mit einem grossen Teil des Personals bekannt gewesen, sagt Roth. So konnte er jahrelang für wenig Geld ausrangierte Gegenstände – beispielsweise elektronische Anlagen – übernehmen, die die Amerikaner an ihrem damaligen Standort an der Jubiläumsstrasse in Bern nicht mehr brauchten. Bei einem Kauf im Jahr 2008 wurde vereinbart, dass der Schweizer Händler die erworbene Ware bis Ende der Woche holen würde, doch weil er beim Abtransport nicht genug Platz in seinem Fahrzeug hatte, informierte Roth den Verantwortlichen in der Botschaft, er könne die Abmachung nicht einhalten. Aber er hole die Gegenstände am Samstag ab und räume das Depot im Seitengebäude wie gewünscht. Der Soldat, ein Angehöriger der Marines, habe ihm klargemacht, dass am Wochenende ausser einer Wache niemand zugegen sei. Schliesslich habe er ihm aber einen Schlüssel überlassen, um das Material wegzubringen. Bis am Samstagmittag müsse er diesen dem diensthabenden Sicherheitsmann zurückgeben, danach sei das Haupttor geschlossen.

«Ich hatte am anderen Tag um 12 Uhr oder höchstens wenige Minuten später den Materialraum geleert und wollte am Haupttor den Schlüssel abgeben», erzählt Roth. Doch dieses sei bereits verschlossen gewesen; der Soldat habe nicht gewartet, obwohl er wusste, dass er noch den Schlüssel zurückerhalte. «Ich konnte den ja nicht einfach in einen Briefkasten werfen. Deshalb nahm ich ihn mit.» Das könne nicht dramatisch sein, er bringe den Schlüssel irgendwann am Montag wieder, habe er gedacht.

Als ein Botschaftsangestellter am Montagmorgen ins Depot wollte und den Schlüssel nicht fand, forderte er diesen sogleich telefonisch bei Roth an. Es sei dringend, machte er ihm klar. «Der Anruf wurde vom Schweizer Nachrichtendienst abgehört», behauptet Roth. Man sei stutzig geworden und habe sich gefragt, was er mit einem Schlüssel der US-Botschaft zu schaffen habe. Weil die Rückverfolgung des Telefongesprächs ergeben habe, dass dieses tatsächlich aus der US-Vertretung gekommen sei, habe der Nachrichtendienst «seine Leute losgeschickt, um abzuklären, weshalb dieser Roth bei den Amerikanern ein- und ausgeht».

Wenige Minuten nach dem Anruf sei er von zu Hause aufgebrochen und habe sich auf den Weg zur US-Botschaft nach Bern gemacht, sagt Roth. Dort angekommen, habe er gemerkt, dass er observiert werde. Zwei Autos seien hinzugefahren. Er sei nach der üblichen Kontrolle durch den Botschaftsschutz hineingegangen, habe den Schlüssel zurückgegeben und sich wenige Minuten später wieder auf den Heimweg nach Bützberg gemacht.

Laut Roths eigenen Angaben folgten ihm Mitarbeiter des Nachrichtendiensts bis nach Hause und stellten ihn dort. Sie hätten offen bekannt, dass sie durch das Abhören des Telefons erfahren hätten, dass er einen Schlüssel auf der US-Vertretung

zurückgeben musste. «Sie wollten wissen, was es damit auf sich hatte und weshalb ich dazu gekommen war», berichtet Roth. Die Geheimdienstler hätten zwar in Aussicht gestellt, den Fall intern abzuklären. «Ich habe aber nie mehr etwas gehört.»

Was die Amerikaner zu Roths Glück nie erfuhren, war dessen Vorgehen bei einem weiteren Materialkauf. Der Kuba-Freund hatte 2009 für rund 30 Franken eine in der US-Botschaft nicht mehr gebrauchte Röntgenanlage für Pakete erworben. Diese brachte er aber nicht etwa in sein Geschäft, um sie zu verkaufen. Roth trug das Gerät hinaus, lud es in sein Fahrzeug und transportierte es direkt in die kubanische Botschaft. Er habe die Anlage zum Schutz vor Paketbomben dort verschenkt. «Es war nicht die feine Art», gibt der Schlaumeier im Nachhinein zu. Ausserdem war es ein riskantes Unterfangen, zumal Roth auch in dieser Zeit noch gute Beziehungen zu den Amerikanern pflegte. «Dass ich das ausgemusterte Gerät ausgerechnet ihrem Erzfeind überliess, hätte sie nachhaltig verstimmt», ist er sich sehr wohl bewusst.

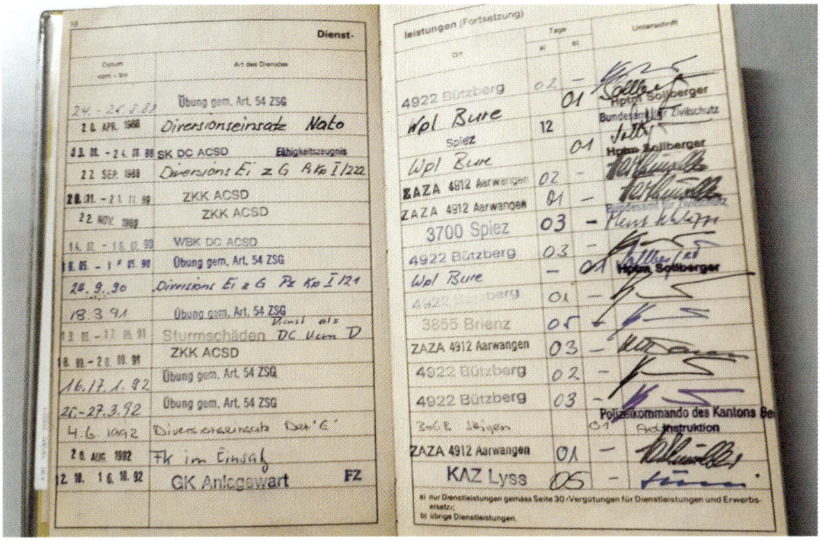

18

| Datum vom – bis | Art des Dienstes Dienst- |
|---|---|
| 24.-26.8.88 | Übung gem. Art. 54 ZSG |
| 26. APR. 1988 | Diversionseinsatz Nato |
| 13.06.-24.06.88 | SK DC ACSD Fähigkeitszeugnis |
| 22. SEP. 1988 | Diversions Ei z G Pz Kp I/222 |
| 20.11.-21.11.89 | ZKK ACSD |
| 22 NOV. 1989 | ZKK ACSD |
| 14.05.-16.05.90 | WBK DC ACSD |
| 18.05.-19.05.90 | Übung gem. Art. 54 ZSG |
| 24.9.90 | Divisions Ei z G Pz Kp I/121 |
| 18.3.91 | Übung gem. Art. 54 ZSG |
| 13.05.-17.05.91 | Sturmschäden Dienst als DC Kom D |
| 18.09.-20.09.91 | ZKK ACSD |
| 16.17.1.92 | Übung gem. Art. 54 ZSG |
| 26.-27.3.92 | Übung gem. Art. 54 ZSG |
| 4.6.1992 | Diversionseinsatz Det 'E' |
| 20. AUG. 1992 | Fk im Einsatz |
| 12.10.-16.10.92 | GK Anlagewart FZ |

leistungen (Fortsetzung)

| Ort | Tage a) | Tage b) | Unterschrift |
|---|---|---|---|
| 4922 Bützberg | 02 | – | |
| Wpl Bure | | 01 | Hptm Sollberger |
| Spiez | 12 | | Bundesamt für Zivilschutz |
| Wpl Bure | | 01 | Hptm Sollberger |
| ZAZA 4912 Aarwangen | 02 | – | |
| ZAZA 4912 Aarwangen | 01 | – | Bundesamt für Zivilschutz |
| 3700 Spiez | 03 | – | |
| 4922 Bützberg | 03 | – | |
| Wpl Bure | – | 01 | Hptm Sollberger |
| 4922 Bützberg | 01 | – | |
| 3855 Brienz | 05 | – | |
| ZAZA 4912 Aarwangen | 03 | – | |
| 4922 Bützberg | 02 | – | |
| 4922 Bützberg | 03 | – | Polizeikommando des Kantons Bern |
| 3068 Utzigen | | 01 | Instruktion |
| ZAZA 4912 Aarwangen | 01 | – | |
| KAZ Lyss | 05 | – | |

a) nur Dienstleistungen gemäss Seite 30 «Vergütungen für Dienstleistungen und Erwerbsersatz»;
b) übrige Dienstleistungen.

CD BE 1 · 36

# Zürich

Vor dem Nobelhotel Baur au Lac in der Zürcher Innenstadt steht Melchior Roth, in einer Jacke der Kantonspolizei Bern. Fotos zeigen den wandelbaren Funktionär mit einer Stablampe vor Limousinen diplomatischer Korps. Anlässlich des Weltwirtschaftsforums (WEF) in Davos sei er im Januar 2013 für den Verkehrsdienst und den Schutz von Botschaftsvertretern eingesetzt worden. Für die Sicherheit seien wie üblich Polizeiangehörige aus mehreren Kantonen aufgeboten worden. Die Korps hätten vor allem für die Terrorabwehr ausgebildete Spezialisten gestellt, so hätten viele Angehörige der Sondereinheiten wie Enzian aus dem Kanton Bern, Falk aus dem Kanton Solothurn oder Diamant aus dem Kanton Zürich während des Forums Dienst geleistet. Er sei wegen seiner Erfahrung und seiner Beziehungen zu ausländischen Vertretungen engagiert worden, sagt Roth. Gelaufen sei das über den Botschaftsschutz in Bern.

Roth verrichtete, seinem gesetzteren Alter angemessen, organisatorische Helferdienste. Seine Aufgabe bestand demnach darin, zusammen mit anderen Sicherheitsleuten vor dem «Baur au Lac» die Fahrzeugformationen der Diplomaten aufzustellen und zu bestimmen, in welcher Reihenfolge die Autos nach Davos fuhren. Vom Zürcher Luxushotel aus, wo einige der Besucher des WEFs logierten, startete einer der Konvois. Roth fügt an, er habe sich zudem als Parkplatzeinweiser betätigt und die Abstellordnung definiert. «Es wurde geregelt, welche Limousine zuvorderst stand und in welcher Abfolge die Wagen eingereiht waren.»

# Kirgistan

In der Hauptstadt Bischkek hat Melchior Roth im Jahr 2004 mit Schana, seiner zweiten Frau, Bekanntschaft geschlossen. Er habe sie dort getroffen, als er für eine Hilfsorganisation Spitalmaterial in die ehemalige Sowjetrepublik brachte. Shanas Familie vermietete Roth ein Zimmer für seinen Aufenthalt in Kirgistan. Die damals 31-jährige Tochter reinigte den Raum und machte das Bett. «Da sie Englisch gesprochen habe, hätten sie sich verständigen können», erzählt Roth. «So kam es, dass ich sie fragte: Wollen wir nicht zusammenleben?»

Trotz Hochzeitsplänen habe er sie aber nicht einfach in die Schweiz mitnehmen dürfen, sodass Schana als Flüchtling eingereist sei. Bereits wenige Monate, nachdem sie sich kennengelernt hatten, heirateten die beiden am 17. September 2004 in Langenthal. Schana erhielt an diesem Tag einen vorläufig für ein Jahr gültigen Ausländerausweis B.

Im Sommer 1991 hatte Kirgistan seine Unabhängigkeit von der Sowjetunion erklärt. Roth übernahm im Land Aufgaben, die ihm die Organisation für Sicherheit und Zusammenarbeit in Europa (OSZE) übertragen hatte. Er, der schon für das Schweizerische Katastrophenhilfekorps, die UNO und die OECD im Einsatz gewesen war, diente sich also auch der OSZE an. Deren Mission im wiederholt von politischen Unruhen erschütterten Kirgistan begann bald nach der Loslösung von der Sowjetunion und zog sich über lange Jahre hin. Die OSZE errichtete im Land ein Hauptquartier für Osteuropa. Roth bewegte sich auch in Bischkek in Schweizer Uniform, obwohl er als ziviler Helfer engagiert war.

osce
выход
EXIT

Roth begnügte sich nicht mit den Aufträgen von OSZE und Hilfswerk, sondern dehnte seinen Radius in Eigenregie aus. Er stellte fest, dass die Amerikaner ihre Operationen im Afghanistankrieg, in den sie seit Herbst 2001 Truppen entsandt hatten, über den Luftwaffenstützpunkt Manas nahe Bischkek führten. Dort hatten die USA über 1000 Soldaten stationiert. «Die Amerikaner hatten sich den Flugplatz und das riesige Gebiet rundherum unter den Nagel gerissen», sagt Roth. Erst 2009 mussten sie auf Druck Russlands ihre Basis in Kirgistan aufgeben.

Obwohl es ein hermetisch abgeriegeltes Sperrgebiet war, verschaffte sich Roth Zugang zum Luftwaffenstützpunkt Manas und fotografierte die US-Einrichtungen und -Frachtflugzeuge, die ihre für den Afghanistankrieg in Bereitschaft stehenden Soldaten mit Material versorgten. «Diese Bilder kann es eigentlich nicht geben», konstatiert Roth einmal mehr; und es gelingt ihm nur schlecht, den Stolz darüber zu verbergen. Kirgistan besuchte er nach 2004 noch mehrmals, um Hilfsgüter – beispielsweise Spitalmaterial – zu bringen.

## Abschlüsse

**WKS BERN**

**Berufsmaturität 2 Typ Wirtschaft**
Riahi Wassim, Bern; Rieder Viktoria, Konolfingen; Röthlisberger Livia, Allenlüften; Rysser Nicole, Walperswil; Salihu Besa, Trubschachen; Sanganathapillai Arani, Burgdorf; Scheidegger Simon, Hindelbank; Schenk Christian, Hinterkappelen; Scherrer Philippe Nicolas, Schalunen; Schmid Nicole, Ferenbalm; Schneider Laura, Erlach; Schwab Fabienne, Erlach; Schwab Flavia, Lyss; Sejdi Betim, Grosshöchstetten; Shabani Mirjeta, Gümligen; Shanmugarajah Manusha, Flamatt; Somasundaram Thushjanthi, Biel/Bienne; Stalder Celine, Thörigen; Starck Olivier, Belp; Stauffiger Marco, Niederscherli; Stevanovic Sanja, Bern; Stucki Luana, Ittigen; Sunnard Olivia, Seftigen; Suthathasan Aharshan, Busswil BE; Tabum Olesea, Einigen; Taeggi Vanessa, Rüfenacht BE; Takacs Jasmina, Aarberg; Terzic Nadina, Ittigen; Thamotharampillai Asha, Bützberg; Troxler Joëlle Stephanie, Münsingen; Tschan Nadine, Bern; von Gunten Livia Camilla, Ostermundigen; Wäfler Celestine, Münsingen; Winkelmann Adrian, Mamishaus; Wittwer Marion Livia, Hünibach; Woodtli Dominique-Anne, Bösingen; Würgler Dominic, Bern; Wüthrich Sonja, Walkringen; Wyss Valerie, Gümligen; Yalcin Deniz, Bern; Zambelli Hernandez Laura, Bern; Zimmermann Michelle, Bern; Zissis Alexandros, Niederwangen b. Bern.

**Berufsmaturität 2 Typ Dienstleistungen**
Akmadzic Nadija, Kerzers; Brönnimann Selin, Kaufdorf; Bürgin Daniel, Signau; Burri Angela, Belp; Dobrota Lazar, Bern; Efuenzeller Maximilian, Bern; Fernandes Alves Alessandra, Thun; Fink Nina, Fraubrunnen; Franjkovic Mario, Ostermundigen; Grütter Shanna, Muhen; Güdel Salome, Ursenbach; Hartmann Philipp, Langenthal; Jaggi Sina, Aetigkofen SO; Jahiu Ylza, Holderbank SO; Karunanithy Karunjah, Thörishaus; Knoblauch Eva, Oberentfelden; Lötscher Pascal, Burgdorf; Menasria Samir, Bern; Michel Jan, Lyss; Müller Patrick, Konolfingen; Münger Dominik, Zollikofen; Murano Celia, Bern; Portmann Marina, Uetendorf; Reci Imzi, Langenthal; Reifler Samantha, Schönenwerd; Ruch Nicola, Münsingen; Schmid Yannick, Urtenen-Schönbühl; Schori Maria, Brunnenthal; Seiler Jasmin, Aeschlen ob Gunten; Sidler Ilona Mara, Schwarzhäusern; Sommer Carla, Niederönz; Steiner Nils Eric, Urtenen-Schönbühl; Teuscher Janine Svenja, Thun; Thöni Lara, Langenthal; Tolic Fabian, Bern; Velauthapillai Nitharsana, Schliern; Vijeyakumaran Vithusan, Oberburg; von Allmen Laura, Unterseen; Weber Damian, Bern; Weber Michèle, Ins; Wegmüller Noel, Walkringen; Welten Fabian, Gstaad; Werner David, Ostermundigen; Zeka Milinda, Oensingen.

**Kaufleute B-Profil EFZ**
Balsiger Danilo, Düdingen; Blank Joel, Münsingen; Bucher Alicia Alexandra, Thun; Bugallo Rosa Geraldine, Liebefeld; Bühler Marco, Ostermundigen; Burkhard Stefanie, Steffisburg; Da Silva Costa Tiago Samuel, Moosseedorf; Dupovac Faris, Belp; Eryigit Yasemin, Lyss; Faraone Bryan, Münsingen; Fetahaj Norentina, Ittigen; Freda Cinzia, Steffisburg; Gasser Jasmin, Bern; Gauthey Gaël, Münsingen; Ghoneim Mira Stella, Ostermundigen; Giannelli Simona, Zollikofen; Gonzalez Dilara Vanessa, Gümligen; Greven Yara, Muri b. Bern; Grossen Nicola, Belp; Günter Luca, Wyssachen; Hubacher Aline, Bolligen; Hügli Daniela, Heimberg; Joseph Jelzin, Bätterkinden; Kagerbauer Deborah, Bern; Keller Jasmin, Thun; Kocahal Erdem, Bern; Koch Janic, Bern; Kormann Chantal, Belp; Kugarajah Janushia, Lengnau BE; Kurtanovic Edin, Bern; Lehmann Celine, Seftigen; Leo Tania, Aarwangen; Luginbühl Fabio, Spiez; Lukic Dejana, Kehrsatz; Mader Manuel, Niederscherli; Mader Nicole, Lätti; Maksutaj Ermidinda, Worb; Mercedes Garcia Raynela Bethania, Urtenen-Schönbühl; Merko Arlinda, Zuchwil; Messerli Martina, Kirchdorf BE; Mosimann Chiara, Thun; Mügeli Vanessa, Spiegel b. Bern; Murtishi Besiana, Biberist; Nyffenegger Elias, Konolfingen; Osai Jeremy, Bern; Pfister Ronya, Gwatt (Thun); Puller Natacha, Schüpfen; Reber Supatra, Konolfingen; Ritler Liana, Kippel; Salihovic Seila, Zollikofen; Schenk Alina, Uttigen; Schulz Marvin Niklas, Linden; Schwarz Deborah Lyon, Messen; Sellathamby Sabishan, Bern; Stöckli Nadine, Thörishaus; Studer Jana, Gümligen; Tezcan Onurcan, Bern; Trachsel Chantal, Bern-Bethlehem; Vigneswaranathan Kajuran, Bern; Zach Elias, Kallnach; Zalli Shqipe, Madiswil.

**Kaufleute B-Profil EFZ, Nachholbildung für Erwachsene**
Abplanalp Christian, Gysenstein; Aeschbacher-Käser Daniela, Münsingen; Allas Daniela, Worb; Di Molfetta-Gurtner Monica, Bern; Huber Fiona, Nidau; Hulliger Tatjana, Münchenbuchsee; Ibraheem Makie Payman, Bern; Jöhr Brigitte, Steffisburg; Qerkinaj Leonora, Hinterkappelen.

**Kaufleute B-Profil EFZ, WKS Handelsschule**
Alilovski Leila, Worblaufen; Darlista Fisnik, Thörishaus; Hashmi Amtul Naseer, Niederwangen b. Bern; Memedi Argjenta, Flamatt; Özdiker Busra Nalan, Bern; Vijayarajah Vinoth, Bern.

**Büroassistenten EBA**
Dedaj Maria, Ostermundigen; Dieng Sahra Nogaye, Thörishaus; Hack Carina, Bern; Hekic Medina, Köniz; Huber Maria Christin, Burgdorf; Jakob Jeanine, Bern; Jalal Samia, Zollikofen; Kekec Ipek, Bern; Maloku Amire, Uetendorf; Mastrodomenico Rossella, Belp; Murati Majlinda, Murten; Nirmalan Arishana, Langnau i. E.; Osmani Besnik, Freiburg; Rebronja Ibrahim, Bern; Rosa Michelle, Bern; Russo Joel, Langenthal; Sommer Andrea, Huttwil; Tinnirello Vincenzo, Bern; Varga Larissa, Bern; Vieira Castelo Marcelo José, Bern; Zingarelli Roberto, La Neuveville; Zurschmiede Nicole, Lyss.

# Hauch von Mauerfall im Sagi-Areal

**ROHRBACH Melchior Roth muss seine «kriegstechnische» Ausstellung räumen. Eine Herkulesaufgabe, ist der Katastrophenhelfer doch ein Sammler. Ein Besuch mit unerwarteten Begegnungen mit der Zeitgeschichte.**

**Zwei im US-Kampfanzug:** Melchior Roth und eine Schaufensterpuppe, Letztere in der Uniform für Norman Schwarzkopf, Kommandant der amerikanischen Truppen im Golfkrieg.

*Bilder Olaf Nörrenberg*

«Schabrowski» steht auf dem Namensschild einer grauen Uniform im ersten Stock des Sagi-Areals in Rohrbach. Moment mal, denkt man sich: Günter Schabrowski war doch jener Mediensprecher des DDR-Politbüros, der am 9. November 1989 mit einem Versprecher den verfrühten Fall der Berliner Mauer einläutete. Ausschnitte aus der legendären Pressekonferenz kursieren auf Youtube. Den Zettel von SED-Parteichef Egon Krenz, von dem Schabrowski die sofortige Öffnung der Grenze las, weil er die Sperrfrist übersah, erwarb 2015 das Haus der Geschichte in Bonn für 25 000 Euro, weil es von einer «Gelenkstelle der Weltgeschichte» zeuge.

Für Melchior Roth, der Schabrowskis Uniform in seiner kriegstechnischen Ausstellung in Rohrbach aufbewahrt, wäre es natürlich optimal, wenn das Politbüromitglied am 9. November 1989 auch dieses Kleidungsstück getragen hätte. Hat er aber nicht. Im Bild-Ton-Dokument vernimmt man nicht nur die mehr gestammelten als gesprochenen Worte «Das trifft… nach meiner Kenntnis… ist das sofort, unverzüglich.» Man sieht auch, dass er weisses Hemd, blauen Anzug und violette Krawatte trägt.

### Beziehungen spielen lassen

Die Uniform ist aber typisch dafür, wie Melchior Roth seine ausufernde Sammlung zusammengetragen hat. Der 68-jährige Bützberger absolvierte in der Schweiz nie eine Rekrutenschule, trägt als Mitglied des Korps für humanitäre Hilfe (ehemals Katastrophenhilfekorps) aber den Grad eines Hauptmanns der Schweizer Armee. Seine militärische Ausbildung erhielt der ausgebildete Waffenmechaniker in der US-Armee und war schweizerisch-amerikanischer Doppelbürger, ehe die USA diesen das Leben schwermachte.

Im November 1989 war er in Berlin, wo er seine Beziehungen spielen liess, um zu einem Erinnerungsstück aus der DDR zu kommen. Dass die Uniform von Günter Schabrowski stammt, sei Zufall, räumt er ein, ergänzt aber, dass dieser nicht der Einzige gewesen sei, der aus seinen DDR-Utensilien Geld gemacht habe.

Nicht für alles, was Melchior Roth auf den rund 1000 Quadratmetern im Sagi-Areal ausstellt, hat er bezahlt. Oft habe es genügt, seine Beziehungen spielen zu lassen, erklärt er. Und weil er immer alles mitgenommen hat, was er fand oder ihm angeboten wurde, konnte er mit der Zeit vieles auch bei Gleichgesinnten anderer Länder eintauschen.

Gegenwärtig muss sich Melchior Roth allerdings mit anderem beschäftigen als die Vervollständigung seiner Bestände. Der Vermieter, der ihm den grossen Raum in den letzten fünf Jahren gratis zur Verfügung stellte, hat dafür einen Mieter gefunden. «Er stellte mich vor die Alternative: Entweder einen Mietzins bezahlen oder ausziehen.»

### In Kisten packen

Den Mietzins jedoch könne er sich nicht leisten, macht Roth klar. Deshalb packt er seine Sachen in Kisten. Einen neuen, viel kleineren Raum hat er zwar in einem Bauernhaus gefunden, doch dort kann er die Sammlungsstücke nicht mehr zeigen. Zudem würden diese unter den ungünstigen klimatischen Bedingungen leiden.

**Eine Rarität** ist diese Mütze eines Kommandanten der französischen Fremdenlegion, die Melchior Roth inklusive Achselpatten besitzt.

> «Oft musste ich nichts bezahlen. Es genügte, wenn ich meine Beziehungen spielen liess. Oder dann hatte ich etwas zum Tauschen.»
>
> *Melchior Roth*

**Auch Telefone** sammelt Melchior Roth.

Dabei würde Melchior Roth viel lieber weitersammeln. An der Quelle dafür ist er nach wie vor: Im Auftrag der Schweizer Armee liquidiert er nicht mehr gebrauchte Anlagen. Zum Beispiel Bäckereien, Metzgereien oder auch mal ein Spital. Da fällt nicht nur das eine oder andere ab, das er mit seinem privaten Hilfswerk nach Kuba vermittelt und dort auch gleich einrichtet. Auch seine Sammlung lasse sich immer wieder ergänzen.

Was es ist, das er in seinem Leben zusammengetragen hat, kann Melchior Roth selbst nicht so genau sagen. Auf seiner Visitenkarte nennt er es sowohl Kriegstechnische Ausstellung, wie Internationales Polizeimuseum. Die Sammlung umfasst aber auch ziemlich alle Telefontypen, die je in der Schweiz in Gebrauch waren. Genauso haben es ihm Verkehrs- und Ortsschilder oder Tafeln des öffentlichen Verkehrs angetan. Sich selbst nennt Melchior Roth auf der Visitenkarte «Unabhängiger neutraler Militärberater».

### Unabhängig und neutral

Seine Sammelleidenschaft kennt keine Grenzen. Wenn er aus einem Land und einer Zeit zu ein paar Polizeiabzeichen gekommen ist, gibt er keine Ruhe, bis er alle aus dieser Serie hat. Die Faszination, die alles Militärische auf ihn ausübt, begründet er mit seiner Jugend: «Es war die Zeit des Vietnamkrieges, und ich wollte diesen Konflikt nicht nur aus den Medien kennen.» Seither gebe es wohl keinen Krisenherd rund um den Erdball, bei dem er nicht in irgend einer Form im Einsatz war. Nicht immer ging er mit den Erinnerungsstücken, die er mitnahm, ganz gesetzeskonform um. Legendär ist sein Auftritt als US-Sergeant an einem Manöver der Schweizer Armee mit Militärattachés aus dem Ausland: Die verantwortlichen Offiziere liessen sich narren und gaben den Panzerfahrern das Startsignal. Als die richtigen hohen Gäste eintrafen, war bereits alles vorbei, und wiederholen liess sich die Übung nicht.

> «Unabhängiger neutraler Militärberater» nennt sich Melchior Roth auf seiner Visitenkarte.

### «Apocalypse Now»

Aufgefallen sei auch der Helikopter, den er in Bützberg im Garten aufgestellt hatte, erzählt Melchior Roth und schmunzelt. Es war einer jener Helikopter, mit denen die Amerikaner in Vietnam im Einsatz waren, und mit denen Francis Ford Coppola das Helikopterballett in seinem Film «Apocalypse Now» inszenierte.

«Roth» steht auf Melchior Roths Uniform. «Schwarzkopf» auf einer ähnlichen an einer Schaufensterpuppe. Moment mal, denkt man sich. Norman Schwarzkopf Jr. war doch der Kommandant der US-Truppen im Golfkrieg. «Tatsächlich», bestätigt Melchior Roth und liefert die Erklärung, wie das Kleid nach Rohrbach kam: «Die US-Army produzierte eine zu schlanke Uniform; als sie vernichtet werden sollte, konnte ich den Zuständigen überreden, dass er sie mir gab.»

*Jürg Rettenmund*

**Ein Teil** der Armee- und Polizeimützen in der Sammlung.

# Rohrbach

Seine Sammlung an Militär- und Polizeiutensilien nennt Melchior Roth «mein Lebenswerk». Dieses stellte er fünf Jahr lang auf 1000 Quadratmetern in einer Fabrikhalle in Rohrbach nahe Langenthal aus. Roth präsentierte unter anderem alte und neue Uniformen von Armeen und Polizeikorps aus aller Welt, unzählige Abzeichen, Hüte und Mützen sowie in- und ausländische Funk- und Telefonanlagen. Der Liebhaber von Militär- und Polizeiausrüstungen spricht von einem Museum, wenn er von seiner einstigen Schau auf dem Industriegelände, dem sogenannten Sagiareal, spricht. 2017 überwarf sich Roth aber mit dem Eigentümer, weil dieser für den bisher kostenlos zur Verfügung gestellten Raum künftig einen Mietzins forderte. Der Sammler sah sich nicht in der Lage, für die Halle zu bezahlen, räumte das Gebäude und packte sein Hab und Gut in Kisten.

Wertvolle Objekte seien ihm gestohlen worden, seine Nachmieter hätten Material entsorgt, und einige Stücke seien feucht geworden und kaputtgegangen, behauptet Roth. Osteuropäische Cannabisproduzenten, die angeblich in Hallen auf dem Areal Hanfplantagen bewirtschafteten, hätten Teile seiner Sammlung entwendet und verkauft.

Die Version des Vermieters tönt komplett anders: Roth habe mit Interessenten gepokert. Die fehlenden Gegenstände habe der Sammler dann selbst weggeschafft. Dies bestreitet Roth vehement. Er weist darauf hin, dass das Gesamtwerk zerschlagen sei. Er habe nur noch einzelne Stücke, denn einzigartige Objekte seien verschwunden. Dies liess auch den verbliebenen Käufer von Roths Material skeptisch werden, weshalb ein Streit entbrannte und der neue Eigentümer nicht mehr wie ursprünglich vereinbart 50 000 Franken zahlen wollte.

«Mein Lebenswerk ist zerstört», jammert Roth. Das Geld sei dabei nur ein Teil, denn neben seinem Vermögen habe er vor allem unendlich viel Herzblut und Zeit in das Projekt gesteckt. In seiner Sammlung hatte Roth zum Beispiel eine graue Uniform der ehemaligen DDR-Volksarmee. Sie soll laut Roth Günter Schabowski gehört haben, dem Mediensprecher des DDR-Politbüros. Dieser verkündete am 9. November 1989 wegen eines Missverständnisses verfrüht den Fall der Berliner Mauer. Egon Krenz, der damalige Chef der Sozialistischen Einheitspartei Deutschlands, hatte Schabowski einen Zettel zugesteckt, von dem der Sprecher ablas und die Öffnung der Grenze bekannt gab. Weil Schabowski die Sperrfrist übersehen hatte, sagte er, dies geschehe sogleich, womit er den geplanten späteren Zeitpunkt unfreiwillig vorzog.

Am Tag des Mauerfalls trug Schabowski Hemd, Anzug und Krawatte, seine Uniform erhielt deshalb nicht den gleichen historischen Wert wie der Zettel, der den Mauerfall einleitete. Dieses Dokument der Weltgeschichte erwarb das Haus der Geschichte in Bonn 2015 für 25 000 Euro.

Er habe dafür Schabowskis Uniform kaufen können, sagt Melchior Roth, «zufällig und dank Beziehungen zu ehemaligen DDR-Bürgern». Als er im November 1989 in Berlin auf der Suche nach Erinnerungsstücken aus der DDR gewesen sei, habe ihm ein ostdeutscher Bekannter die Uniform mit dem Namensschild «Schabowski» angeboten. Der Sprecher des Politbüros sei nicht der Einzige gewesen, der damals seine DDR-Ausrüstung zu Geld machte.

Er habe nicht für alle über die Jahre zusammengetragenen Utensilien bezahlen müssen, hält Roth fest. Manche habe er gegen andere getauscht. Weil er selbst immer alles mitgenommen habe, was er ergattern konnte, sei ihm stets viel zum Verkaufen und Aufbewahren geblieben. Dank seiner Verbindungen im In- und Ausland erhielt Roth zudem ausgemusterte Gegenstände geschenkt. Ein spektakuläres Stück luchste er einem Angestellten der US-Armee ab: eine Uniform, die für Norman Schwarzkopf junior, den General der US-Truppen im Zweiten Golfkrieg, geschneidert worden war. Das Kleid war aber, so erzählt es Roth, zu eng geschnitten und sollte vernichtet werden. «Ich habe den Materialwart dann überreden können, den Kampfanzug mir zu überlassen, statt ihn zu entsorgen.»

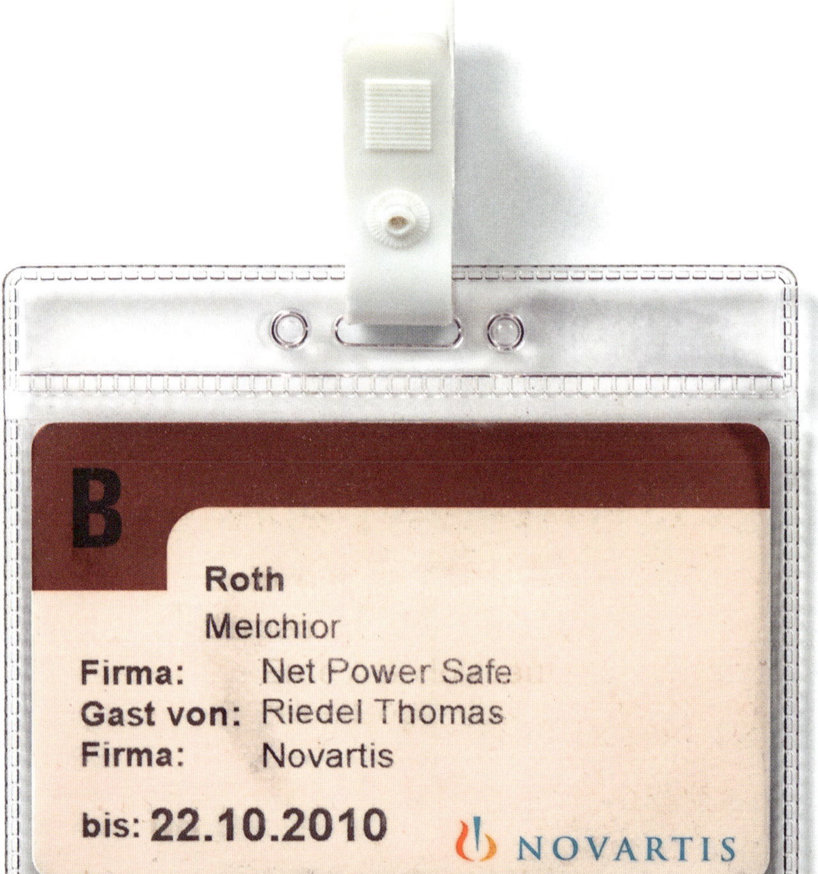
B
Roth
Melchior
Firma: Net Power Safe
Gast von: Riedel Thomas
Firma: Novartis
bis: 22.10.2010
NOVARTIS

# Basel

Nicht nur in militärischem Einsatz hat Melchior Roth bedeutende Einrichtungen zu sehen bekommen. Auch zivil erhielt er vertrauliche Aufträge, etwa vom Pharmakonzern Novartis in Basel. An weiteren Standorten des Unternehmens führte er Rückbauten und Materialtransporte aus. Er fuhr für die Firma unter anderem nach Stein im Kanton Aargau, aber auch ins nahe Ausland, nach Mannheim. Als Beleg zeigt Roth einen Zutrittsausweis von Novartis, mit dem Datum vom 22. Oktober 2010 versehen.

Teilweise habe er in Pflichtlagern für Medikamente gearbeitet, die Novartis inzwischen nicht mehr unterhalte. Im Auftrag des Bundes hatte das Unternehmen Impfstoffe auf Reserve aufbewahrt; aus diesem Markt zog sich Novartis dann zurück.

Die Pflichtreserven dienen dem Bund dazu, bei Bedarf auf Vorräte von Antibiotika und Impfmitteln zugreifen zu können. Der Staat entschädigt die Firmen, die er zur Lagerung von Medikamentenvorräten verpflichtet.

Melchior Roth erzählt, bei Novartis habe er strikte Sicherheitsvorgaben befolgen müssen. Auf einem Merkblatt war aufgeführt, wie sich externe Mitarbeiter zu verhalten hatten, welche Zonen sie betreten durften und wie sie sich zu kleiden und zu schützen hatten. «Diese Regeln musste ich auswendig lernen, die Vorschriften waren strenger als in Militäranlagen.»

SUIZA
EMBAJADA
2005

# Kuba

Melchior Roth hat eine zweite Heimat gefunden. Seit 1999 reiste er – mit wenigen Ausnahmen – ein- bis zweimal jährlich auf die Karibikinsel, um Material für Spitäler und Schulen dorthin zu bringen. Bereits 1996 hatte Roth Charles Raedersdorf, dem damaligen Chef des Schweizerischen Katastrophenhilfekorps (SKH), vorgeschlagen, ein Programm für Kuba auf die Beine zu stellen. Aus politischen Gründen habe Raedersdorf nicht eingelenkt, sagt Roth. «Die Konstellation war heikel, und die Schweiz wollte die USA nicht verärgern.» Doch der SKH-Leiter habe ihn ermuntert, ein privates Hilfswerk für den sozialistischen Staat zu errichten. 1999 setzte Roth den Plan um und gründete die Meba Delphin Aid. Die Bezeichnung Meba steht für Melchior und Barbara, Roths Freundin zu dieser Zeit. Sie half ihm, das Hilfswerk aufzubauen. «Delphin» ist der Name eines kubanischen Hotels, das unentgeltlich logistischen Beistand leistete.

Roth operiert in Kuba über das Instituto Cubano de Amistad con los Pueblos (ICAP). Diese Nichtregierungsorganisation, 1960 auf Initiative von Staatspräsident Fidel Castro gegründet, ist für die Kontakte mit allen ausländischen Organisationen verantwortlich, die Solidaritätsaktionen mit Kuba durchführen. Das ICAP arbeitet nach eigenen Angaben mit 2000 Solidaritätsgruppen in über 150 Ländern zusammen. Roth sagt, weil er sich stets flexibel gezeigt habe, sei er beim ICAP von Anfang an angesehen und willkommen gewesen. So habe er beispielsweise umdisponiert, als das Institut eine Röntgenanlage, die für ein Krankenhaus in Matanzas vorgesehen war, in Guantánamo montiert haben wollte. «Ich willigte ein und installierte das Gerät in der Nähe des berüchtigten US-Gefangenenlagers», so Roth. Das Gefängnis dort habe er aber nie betreten.

Grundsätzlich habe das ICAP jeweils bestimmt, wohin die aus dem Ausland kommenden Güter weitergeleitet würden und wem sie zugutekämen. Diese Vorgaben und kurzfristige Umstellungen führten laut Roth dazu, dass sich die Kubaner kaum mit grossen Hilfswerken und ihren unbeweglichen Büroapparaten zusammentaten. Lieber hätten sie beispielsweise mit seiner Meba Delphin Aid kooperiert und ihm im Gegenzug manche Tür geöffnet, sagt Roth.

In Morón, mitten im Land, in Matanzas sowie in der Hauptstadt Havanna stehen dem Schweizer Räume und Container zur Verfügung, in denen er die Hilfsgüter deponieren kann. Er sei einst mit der Idee nach Kuba gereist, «den armen Cheiben» beizubringen, wie sie altes Material reparieren und wieder gebrauchstüchtig machen können. Damit sei er jedoch aufgelaufen. Roth erkannte: «Den Kubanern muss man gar nichts zeigen. Im Flicken und im Improvisieren sind sie Weltmeister. Sie setzen alles wieder instand.»

Der Schweizer schloss in Kuba mit den Jahren wertvolle Bekanntschaften. Sein Netzwerk habe ihm auch zu geheimen militärischen Einrichtungen Zutritt verschafft. Fotos zeigen Roth auf Beobachtungsposten der kubanischen Armee, in Militärgebäuden, auf Kasernenarealen und auf Flugfeldern. Diese Anlagen habe er aus rein privatem Interesse besichtigt. Zudem habe er sich auf diese Weise informiert, woran es den Kubanern fehle und was er ihnen liefern könne. So brachte Roth etwa Feuerwehreinrichtungen aus der Schweiz auf die Karibikinsel und führte dort kistenweise ausgemusterte Polizei- und Feuerwehruniformen ein.

Die kubanische Botschaft in Bern dankte Roth in mehreren Schreiben für sein Engagement. Sie lud ihn auch regelmässig zu Empfängen ein. Der Händler werde an der Gesellschaftsstrasse 8 seit Jahren als Freund des Hauses behandelt, sagen Arbeitskollegen Roths. Die Vertrautheit mit Vertretern Kubas hatte Roth einst sogar dazu ermutigt, sich zu einem Treffen mit Staatspräsident Fidel Castro aufzumachen. Am 10. Dezember 2003 – der Ende 2016 verstorbene Castro war damals noch im Amt – wollte Roth mit dem «máximo líder» persönlich sprechen, als dieser als Teilnehmer einer UNO-Konferenz in Genf angekündigt war. Der Kuba-Freund aus Bützberg hatte seinen Plan über die *Berner Zeitung* sogar öffentlich gemacht: «Heute will er Fidel Castro treffen», titelte das Blatt und bildete die unterschiedlich mächtigen, aber sich mit ihren Bärten ähnelnden Männer, mit Porträtfotos nebeneinander ab. Eine Unterhaltung zwischen Roth und Castro kam aber nicht zustande. Der Hauptgrund: Der kubanische Staatspräsident erschien gar nicht erst in Genf. Er hatte einen Vertreter zur Versammlung geschickt.

Die Schweiz verrichtete zwischen 1961 und 2015 Vermittlerdienste zwischen den USA und Kuba, indem sie bis zur Wiederaufnahme der diplomatischen Beziehungen der beiden zerstrittenen Länder die Interessenvertretung der Amerikaner in Havanna wahrnahm. Seit 2006 führen die Schweiz und Kuba einen regelmässigen politischen Dialog. Zum Handel, zur Investitionsförderung, zum Luftverkehr und zur Übernahme verurteilter Personen bestehen bilaterale Abkommen. In Kuba engagiert sich die Schweiz zudem in der Entwicklungszusammenarbeit; sie setzt ihr Vierjahresprogramm um, das 2017 startete.

Roth sagt, er schaue während seiner Aufenthalte in Kuba jeweils auch bei der Schweizer Botschaft in Havanna vorbei.

Dort staune man immer, wo er überall Zugang erhalte und zu welchen hochrangigen Kubanern er Kontakte pflege. Die Schweiz habe mit ihrer Entwicklungszusammenarbeit in Kuba bisher nichts zustande gebracht, kritisiert der private Helfer. «Ich wüsste kein Projekt, das sich bewährt hätte.»

Im Dezember 2019 reiste Roth zum wiederholten Mal nach Kuba. Obwohl er für diese Zeit nach eigenen Aussagen einen Auftrag von der UNO als Fahrer in Bangladesch erhalten hätte. Roth konnte aber für das Meba-Hilfswerk medizinisches Material aus unterirdischen Militärspitälern übernehmen, die die Schweizer Armee aufgegeben hatte. Er erhalte die nicht mehr benötigten Güter, müsse sie aber abholen. «Die Umtriebe kosten mich einiges Geld», sagt Roth.

Neben den Armeegütern transportierte er Ende 2019 ausrangierte Kleider der Kantonspolizei Bern nach Kuba. «Die Uniformen würden sonst verbrannt», hält Roth fest. Doch vor allem die Leuchtkleber auf den Jacken seien im Inselstaat sehr gefragt, denn nachts sei es dort in den unbeleuchteten Städten stockdunkel.

Die Fracht für Kuba bereitete der Fluggesellschaft Edelweiss einiges Kopfzerbrechen, denn in Roths bewilligtem Freigepäck befanden sich unter anderem scharfe Skalpelle, die er mit an Bord nahm. Nachdem die Pakete versiegelt und in Fächern fürs Handgepäck verstaut worden waren, verlief alles reibungslos – bis zum Zeitpunkt, als der Schweizer am Flughafen von Havanna den Zoll passieren wollte. Dort erregten die mitgebrachten Behälter mit Spritzen Argwohn. Der Importeur – in Schweizer Majorsuniform gekleidet – musste Arme und Beine freimachen, damit die Sicherheitskräfte nach Einstichen suchen konnten, «denn ich wurde für einen Drögeler gehalten», erläutert Roth.

Es war nicht der letzte Kontakt Roths mit Ordnungshütern.

Weil er die Schweizer Uniform gegen eine kubanische getauscht habe und derart gekleidet unterwegs gewesen sei, habe ihn eines Abends ein Polizist angehalten. «Was soll das?», habe er ihn gefragt. Weil er nicht besonders gut Spanisch spreche, sei er in erhebliche Schwierigkeiten geraten, gibt Roth zu. Erst nach umschweifenden Erklärungen habe ihn der Sicherheitsmann weiterziehen lassen.

In der Schweiz hat Melchior Roth nach dem Verkauf seines Hauses in Bützberg nur noch temporäre Bleiben. Sein Material – Werkzeug, Bestandteile von Armeeanlagen, die Sammlung von Militär- und Polizeiausrüstungen, Fotos und Dokumente – ist überall verstreut; in Abteilen von Lagerhallen, in baufälligen Wohnungen und bei Kollegen. Das Leben im Pensionsalter stellen sich andere komfortabler und gemütlicher vor. Aber Roth ist einer, der nie nach Luxus strebte und nicht anders kann, als sieben Tage in der Woche zu arbeiten. Solange er kann. Zwischenzeitlich kämpfte er mit Herzproblemen, doch aus dem Spital begab er sich direkt wieder auf Montage.

Dass er ausschliesslich in Militär- und Polizeiuniformen anzutreffen ist, trug Roth nicht nur den Ruf eines Sonderlings ein. Er wurde auch immer wieder dem rechtsextremen Dunstkreis zugeordnet. Das sei eine haltlose Unterstellung, betont Roth. Ihn fasziniere einfach alles Militärische, jedoch nicht aus einer politischen Haltung heraus.

Inzwischen hat Militärfanatiker Melchior Roth den Fokus auf Kuba gerichtet. Ob als Helfer oder dereinst als Auswanderer: Dort scheint er als Ebenbild Fidel Castros gut aufgehoben.

CHEF-EXPERTE

# Schlusswort

Viele hielten ihn für einen Spinner, sagt Melchior Roth, und sein Erscheinungsbild trägt wenig dazu bei, dass seine abenteuerlichen Geschichten glaubwürdig erscheinen. Es befremdet, dass er immer uniformiert auftritt, und es irritiert, wie er an all seinen heimischen und geschäftlichen Stützpunkten in einer heillosen Unordnung lebt. Als Beispiel eines Messies präsentierte sich Roth im Mai 2004 denn auch in einem Beitrag der *Schweizer Familie*.

Er irritiert aber nicht nur, ebenso fasziniert er, wenn er seine Erlebnisse detailliert zu schildern beginnt und immer wieder Dokumente und Fotos präsentiert, die belegen, was er erzählt. Der Einsatz im Zweiten Golfkrieg, die Fahrten durch die DDR, der uniformierte Besuch in Moskau und die vielen bizarren Auftritte wie etwa beim Empfang von Colin Powell würden sonst dem Reich der Fantasie zugeordnet. 16 000 Fotos von seinen Reisen in der ganzen Welt und den verrückten Episoden in der Schweiz hatte Roth laut eigenen Angaben einmal. Viele der Bilder kamen ihm abhanden, als sein Museum aufgelöst wurde; andere lassen sich nicht mehr finden oder kommen nur vereinzelt irgendwo wieder zum Vorschein.

Immer wieder neue kleine Puzzleteilchen bestätigen vieles – nicht durchwegs alles –, was Roth schildert; und mit eingehender Vertiefung in seine Lebensgeschichte zeichnete sich mehr und mehr ab, dass offizielle Stellen darauf zählten, dass man dem schrägen Kauz wenig zutraute und nicht glaubte. In der verschwiegenen Welt der Geheimdienste wurde auch praktiziert, was nicht sein durfte. Beispielsweise, dass Katastrophenhelfer militärische und politische Informationen sammelten oder dass Angehörige von internationalen Missionen auch inoffizielle Agentenaufträge erhielten.

Inwieweit sich da in kleinen Gruppen eine Eigendynamik entwickelte oder ob hohe Stellen mit einer Strategie dahinterstanden, lässt sich nicht abschliessend beurteilen. Es scheint sich aber beides zugetragen zu haben.

Roth erfüllte nachweislich und gut dokumentiert Aufträge für den Schweizer und den US-Geheimdienst, für das Schweizer Aussendepartement sowie für mehrere Polizeikorps. Diese Einsätze wurden verschwiegen oder später sogar in Abrede gestellt. Da der eifrige Diener mitunter selbst die Initiative ergriff, konnte man ihn als Einzelkämpfer ohne Instruktion von oben darstellen; und als willigen Empfänger für Missionen benutzen, die offiziell nie angeordnet worden waren und für die niemand die Verantwortung tragen wollte. Bezeichnend, dass Roths Akte in Bern laut einem gut informierten Offizier versiegelt sein soll.

Einen wie Melchior Roth hätte es nämlich nicht geben dürfen. Und einen Zweiten wie ihn gibt es nicht.

# Bildnachweis

HARRISON